Wolfgang H. Staehle

Funktionen des Managements

Eine Einführung in einzelwirtschaftliche und gesamtgesellschaftliche Probleme der Unternehmungsführung

3., neubearbeitete und erweiterte Auflage

Verlag Paul Haupt Bern und Stuttgart

Prof. Dr. *Wolfgang H. Staehle*, 1938, Abitur 1957, kaufmännische Lehre bei Farbwerke Hoechst AG, Studium der BWL in Frankfurt/M. und München, 1965 Dipl.-Kfm., 1967 Promotion, 1972 Habilitation, ab 1973 Professor für BWL an der TH Darmstadt, ab 1979 an der Freien Universität Berlin, Institut für Management

Die Deutsche Bibliothek – CIP-Einheitsaufnahme

Staehle, Wolfgang H.:
Funktionen des Managements : eine Einführung in einzelwirtschaftliche und gesamtgesellschaftliche Probleme der Unternehmungsführung / Wolfgang H. Staehle. – 3., neubearb. und erw. Aufl. –
Bern ; Stuttgart : Haupt, 1992
(UTB für Wissenschaft : Uni-Taschenbücher ; 1254)
ISBN 3-258-04475-9
NE: UTB für Wissenschaft / Uni-Taschenbücher

Vorwort zur 1. Auflage

Die hier vorgelegte Analyse der Funktionen des Managements wendet sich an den aufgeschlossenen **Manager**, der Interesse zeigt für die wirtschaftliche und gesellschaftliche Bedeutung seines Handelns, sowie an den potentiellen **Management-Nachwuchs** an den Hochschulen und Universitäten, der nicht zuletzt zur Vorbereitung auf eine fundierte Berufsentscheidung und ein verantwortliches berufliches Handeln einen Anspruch auf ein ungeschöntes Bild der ökonomischen Zusammenhänge hat. Zu einer breiten Information über diesen Problembereich benötigt der interessierte Leser nicht nur solche Literatur, die das freie Unternehmertum und den um das Wohl von Konsumenten besorgten Manager in einer gut funktionierenden Marktwirtschaft unkritisch darstellt. Er sollte sich nicht allein mit solchen Aussagen zufriedengeben, wonach der Mensch als **Konsument** mit seinen Bedürfnissen im Mittelpunkt unseres Wirtschaftssystems und als **Arbeitnehmer** im Mittelpunkt des betrieblichen Geschehens steht. Nein, im Mittelpunkt der kapitalistischen Unternehmung steht das Gewinnstreben, dem alle anderen Ziele untergeordnet sind. Dies soll nicht moralisierend beklagt, sondern mit aller Nüchternheit beschrieben und analysiert werden. Ich bin mir allerdings darüber im klaren, dass man ökonomische Sachverhalte ganz unterschiedlich deuten kann. Insofern will diese Abhandlung nicht nur zur Kritik anregen, sondern sie ist ihrerseits auch offen für Kritik.

Für wertvolle Anregungen und kritische Hinweise danke ich allen Freunden und Kollegen, die sich bereitgefunden haben, die Konzeption der Arbeit mit mir zu diskutieren. Dies gilt insbesondere für *Siegfried Backes, Peter Conrad, Peter Karg, Dirk Ipsen, Margit Osterloh, Edgar Stoll* und *Jörg Sydow*. Nicht zuletzt danke ich *Irmgard Hoemke* für die Sorgfalt und Mühe, die sie bei dem Schreiben von verschiedenen Fassungen des Manuskriptes aufgewandt hat.

Wolfgang H. Staehle

Vorwort zur 3. Auflage

In den zwei Jahren seit Erscheinen der 2. Auflage ist das Management von Unternehmungen vor neue Aufgaben gestellt und mit neuen Anforderungen konfrontiert worden. Die Vereinigung der beiden deutschen Staaten sowie die fortschreitende Integration der Staaten der Europäischen Gemeinschaft sind hierbei besondere Herausforderungen an ein professionelles Management und haben auch die Diskussion um die ›richtige‹ Wirtschaftsordnung als Rahmen für ein effizientes Management neu belebt. Gerade in einer Zeit, in der die Krise bzw. das Ende des Sozialismus im Blickpunkt des öffentlichen Interesses steht und die Marktwirtschaft als Allheilmittel zu dessen Überwindung gepriesen wird, erscheint es dringend angezeigt, nicht nur die Stärken, sondern auch die Schwächen dieser Wirtschaftsordnung, wie sie z. B. in Umweltzerstörung, Arbeitslosigkeit, Unternehmenszusammenbrüchen deutlich werden, nicht aus den Augen zu verlieren und nach neuen Lösungen zu suchen.
Fragen des Umwelt- und Ressourcenschutzes sowie von Ethik und Moral im Wirtschaftsleben wird deshalb in dieser Auflage besondere Aufmerksamkeit geschenkt.
Der Grundaufbau des Buches in sechs Kapitel hat sich bewährt und wird deshalb beibehalten. Die ersten drei Kapitel sind aber völlig überarbeitet und erweitert worden. In den letzten drei Kapiteln wurden dagegen nur geringe Änderungen vorgenommen.
Für wertvolle Verbesserungsvorschläge danke ich allen MitarbeiterInnen und StudentInnen am Institut für Management der FU Berlin.

Berlin, im Frühjahr 1991 Wolfgang H. Staehle

Inhaltsverzeichnis

Kapitel IV: Strukturierung als sporadische Managementaufgabe

Kapitel V: Koordination als laufende Managementaufgabe

Kapitel VI: Management von Funktionsbereichen

Einleitung

Management ist ‚in'. Vom staatlichen Krisenmanagement bis hin zum betrieblichen Mismanagement, vom nationalen und internationalen Top-Management und von neuen Managementtechniken wird alltäglich auf mehr oder weniger populärwissenschaftliche Weise in den Medien berichtet. Dabei steht das Managen im Sinne von Handhaben oder Bewältigen von einzelnen Problemsituationen im Vordergrund. Die situationsübergreifenden Zusammenhänge, der generelle Regelungsbedarf auf gesellschaftlicher Ebene, bleiben meist im dunkeln. Hier setzt die Arbeit an, wenn sie zunächst nach den Funktionen und Folgen des Managements in Wirtschaft und Gesellschaft fragt. Der Fundus an instrumentellem Wissen, der heute unter Bezeichnungen wie Managementlehre, Managementkonzepte, Managementtechniken zur Steuerung und Führung komplexer sozialer Systeme angeboten wird, entwickelte sich zum grössten Teil in Organisationen vom Typ *Unternehmung*, und zwar vom Standort und der Interessenlage des Unternehmers aus. Dabei herrscht eindeutig die funktionale Beschreibung und Erklärung des Managements vor, als eines Prozesses mit verschiedenen interdependenten, zeitlich nacheinander ablaufenden Phasen, wie etwa Planung, Organisation, Motivation, Führung, Kontrolle, die letztlich alle auf die funktionale Gliederung der Unternehmung durch den französischen Mineningenieur *Henry Fayol* (1841–1925) zurückgehen. Dieser funktionaltechnokratische Ansatz erklärt sich aus der überwiegend ingenieurmässigen Ausbildung der frühen Managementtheoretiker; hier ist vor allem der amerikanische Ingenieur *Frederick W. Taylor* (1856–1915) zu nennen. In Deutschland wurden die ersten Ansätze einer Politik des wirtschaftlichen Handelns in Betrieben von Forschern mit ökonomischer Ausbildung entwickelt. So unterschied als einer der ersten „Betriebswirte" der Philosophie-Professor in Leipzig, *Carl Günther Ludovici* (1707–1778) zwischen Handlungswissenschaft und Handlungspolitik und die spätere Betriebswirtschaftslehre zwischen Betriebswirtschaftstheorie und Betriebswirtschaftspolitik (als angewandter Betriebswirtschaftslehre). In der jüngeren Betriebswirtschaftslehre wird jedoch auf die traditionelle Dichotomie zwischen *reiner* Theorie und *angewandter* Lehre weitgehend verzichtet, und zwar zugunsten der Entwicklung von Erklärungs- und Entscheidungsmodellen, die aus einer system- und/oder entscheidungsorientierten Betrachtungsweise realer

Systeme und ihrer Managementprobleme resultiert. Dabei dienen die Beschreibungs- bzw. Erklärungsmodelle auch der Gewinnung prognostisch verwertbarer Einsichten in die Arbeitsweise sozialer Systeme. Während in Deutschland eine Lehre über die Führung von Betrieben bzw. Unternehmungen überwiegend als Derivat einer Betriebswirtschaftstheorie entwickelt wurde, zeigen die angloamerikanischen Bemühungen den umgekehrten Weg der Begründung einer Wissenschaft vom Management im Rahmen des Faches „Business Administration" aus den Erkenntnissen der Managementpraxis heraus.

Die Situation der so entstandenen neuen Disziplin war lange Zeit dadurch gekennzeichnet, dass eine Reihe überwiegend funktional aufgebauter Organisations- und Verwaltungslehren zur Verfügung stand, die häufig auch noch den wissenschaftstheoretisch nicht zu vertretenden Anspruch erhoben, eine auf Organisationen jeglicher Art in gleicher Weise anwendbare Managementlehre zu sein (Universalismusthese). Ende der fünfziger Jahre hat sich eine Reihe amerikanischer Forscher dem axiomatisch-deduktiven Ansatz zugewandt und versucht, entweder aus der Logik des Entscheidungsprozesses und/oder aus der funktionalen Analyse sozialer Systeme Hypothesen zum Aufbau einer umfassenden Managementtheorie zu deduzieren (behavioral theory of management).

Bei den bisherigen Versuchen zur Entwicklung einer Managementlehre wurde in aller Regel ein *betriebsbezogener* Ausgangspunkt gewählt, und es fehlt ein zum Nachweis und zur Begründung der Universalität des Managementphänomens notwendiger *gesamtgesellschaftlicher* Ansatz. Man kann m. E. das Management von Betrieben und Unternehmungen nicht hinreichend verstehen, wenn man nicht die gesellschaftliche Organisation von Produktion und Distribution mit in den Erklärungszusammenhang aufnimmt; man kann nicht die Funktion von Management in Unternehmungen erklären, ohne zuvor die Funktion von Unternehmungen in der Gesellschaft zu bestimmen. Unternehmungen sind keine isolierten sozialen Systeme, sondern sie sind in ein feinmaschiges Netz individueller, sozialer und gesellschaftlicher Beziehungen eingebunden.

Die hier zunächst ausgebreitete gesellschaftliche Totalanalyse von Management wird in späteren Kapiteln noch durch problembezogene Partialanalysen ergänzt. Zur Darstellung der *makrostrukturellen* Phänomene benutze ich systemtheoretisch-funktionalistische Begriffe und zur Analyse der *mikrostrukturellen* Phänomene das Instrumentarium des soziotechnischen Systemansatzes.

Das systemtheoretische Begriffsinstrumentarium wird von mir allerdings lediglich zur **Beschreibung** von Struktur und Verhalten sozialer Organisationen herangezogen. Ich bin nicht der Meinung, dass die Systemtheorie in der Lage ist, grundsätzlich neue Erkenntnisse zu bringen, geschweige denn, dass sie zu einer aussagefähigen Theorie der Gesellschaft entwikkelt werden kann. Sie besitzt jedoch unbestreitbare Vorzüge als eine Interdisziplin, die die Integration fächerübergreifender Forschungsergebnisse erlaubt und die Beziehungen von Systemen zu ihrer Umwelt besonders betont.

Der sozio-technische Systemansatz ist insofern fruchtbar für die Zwecke dieser Arbeit, als er mit seinen Grundelementen System-Umwelt-Beziehungen, primäre Aufgabe, Input-Transformation-Output, Differenzierung und Integration wichtige Beschreibungsvariablen zur Analyse des betrieblichen Managements liefert und Technik *und* Arbeitsorganisation als Gestaltungsvariablen betont.

Überlagert werden beide Betrachtungsweisen von einem gesellschafts- und kapitalismuskritischen Ansatz, der von der politischen Ökonomie und der kritischen Industriesoziologie in gleicher Weise beeinflusst ist.

Kapitel I: Wirtschaft und Gesellschaft

1. Gesellschaftliche Funktionen und Institutionen

In allen Gesellschaften muss eine Reihe von **Grundfunktionen** erfüllt sein, damit sie als solche überleben und sich gegebenenfalls weiterentwickeln können. Auf einer formalen Ebene lassen sich diese als Zweckerfüllung, Integration und Anpassung beschreiben; auf einer mehr inhaltlichen Ebene als

- *ökonomische* (z. B. Produktion und Distribution)
- *politische* (z. B. Willensbildung und -durchsetzung, Machtverteilung)
- *sozialintegrative* (z. B. Legitimation, Motivation, Konfliktlösung, Stabilisierung, Reproduktion)
- *kulturelle* (z. B. Sozialisation).

Systemtheoretisch orientierte Gesellschaftstheorien verstehen unter dem sozialen System *Gesellschaft* einen Komplex von ausdifferenzierten Teilsystemen, denen einzelne dieser gesellschaftlichen Funktionen (verschiedene Arten der Bedürfnisbefriedigung) zugewiesen werden. Dieser Prozess der **Differenzierung** führt zu einer Spezialisierung in Handlungssysteme, die dann relativ autonom die übertragenen (oder usurpierten) gesellschaftlichen Aufgaben erfüllen, mit den Folgen einer tendenziellen Verselbständigung der Teilsysteme, einer wachsenden Unüberschaubarkeit des Gesamtsystems und einer Erschwerung zentraler Planung und Steuerung. In systemtheoretischer Betrachtungsweise ist das ökonomische Teilsystem *Wirtschaft,* das mit der Befriedigung materieller Bedürfnisse betraut ist, formal gleichgewichtig gegenüber anderen Systemen zu sehen. Im Gegensatz hierzu sieht die marxistische Gesellschaftstheorie in der *Ökonomie* den dominanten Funktionsbereich einer Gesellschaft (vgl. hierzu Abschnitt 5).

Die hier nur kurz angedeutete Ausdifferenzierung gesellschaftlicher Teilbereiche wie Wirtschaft, Politik, Ethik oder gesellschaftlicher Subsysteme wie ökonomisches, politisches, soziokulturelles System, erlaubt es jedoch nicht, zentrale Funktionen einer Gesellschaft, auch wenn sie als zu lösende Systemprobleme umdefiniert werden, kurzschlüssig bestimmten Gruppen von Organisationen (gesellschaftlichen Institutionen) zuzuordnen (wie Produktion → Industriebetrieb; Sozialisation → Schule). Jede gesellschaftliche Institution oder private Organisation ist durchsetzt mit ökonomischen, politischen und soziokulturellen Funktionserfordernissen, so dass Organisationsklassifikationen etwa nach der Leistung für die Gesellschaft (Produktion, Distribution, Sozialisation) oder nach dem primären Nutzniesser der Organisation (Mitglied, Eigentümer, Benutzer) nur grobe Orientierungsraster bieten können.

In den gesellschaftlichen Teilsystemen werden die zur Aufgabenerfüllung notwendigen Handlungen bzw. Teilhandlungen organisiert und durch den Sinn des Systems miteinander verbunden. **Organisieren** heisst in diesem Zusammenhang Verhalten strukturieren und standardisieren, um den Verhaltensspielraum an dem funktional notwendigen Mass zweckrationalen Handelns auszurichten, um das Verhalten durch Erwartungsstabilisierung prognostizierbar zu machen und um das System durch Routinisierung von Spannungen und Konflikten zu entlasten. Die hierzu notwendige Generalisierung von Verhaltenserwartungen erfolgt über die Prozesse der **Normenbildung, Rollenbildung** und **Institutionalisierung.** Unter Institutionalisierung[1] versteht man einen Prozess, in dessen Verlauf Handlungen sowie die Handelnden selbst (in ihrem Verhalten) typisiert und damit auf längere Zeit festgeschrieben werden. Das Ergebnis einer solchen Typisierung und Normierung nennt man eine **Institution.**

Im Mittelpunkt dieser Arbeit steht die Institution *Unternehmung* und hierbei die Analyse der Teilhandlungen *Management* einer bestimmten Gruppe von Handelnden, den ManagerInnen.

Institutionen gewinnen im Laufe der Zeit den Status von Sachgesetzlichkeit und Unveränderbarkeit und werden von den Gesellschaftsmitgliedern als objektive Wirklichkeit wahrgenommen. Dabei gerät in Vergessenheit, dass auch Institutionen lediglich von Menschen geschaffene Organisationen darstellen, die prinzipiell auch anders ausgestaltet sein könnten. Der Hang zur **Verdinglichung** von Institutionen manifestiert sich in der Tatsache, dass Menschen dazu neigen, ihre eigene Urheberschaft der sozialen Realität, in diesem Fall von Institutionen, zu verdrängen; sie neigen dazu zu vergessen, dass Menschen nicht nur ein Produkt der Gesellschaft sind, sondern die Gesellschaft ein menschliches Produkt ist. Dass diese Einsicht nur von wenigen Gesellschaftsmitgliedern geteilt wird, liegt vor allem an der Art der Vermittlung historisch gewachsener Strukturen und Prozesse gegenüber neuen Generationen im Wege der Sozialisation; überkommene Institutionen erhalten dabei den Charakter der Selbstverständlichkeit. Dennoch erscheinen diese Strukturen vor al-

1 Auf Normen- und Rollenbildung gehe ich im folgenden Abschnitt näher ein.

lem jungen Menschen häufig nur schwer einsichtig oder gar sinnlos. Der Sinn von Institutionen wird offensichtlich in Abhängigkeit vom Alter, Erkenntnisstand und vor allem von der Interessenlage des Gesellschaftsmitglieds unterschiedlich ausgelegt. Wenn eine bestimmte **Wirklichkeitsbestimmung** (wie z. B. kapitalistische Marktwirtschaft) mit einem konkreten Interesse (z. B. Eigentum an Produktionsmitteln) als alleinige und allgemeinverbindliche ausgegeben wird, kann dies jedoch als eine besondere Form von Ideologie (Rechtfertigungslehre) bezeichnet werden.

Wenn immer wieder behauptet wird, dass unsere gegenwärtige Wirtschafts- und Sozialordnung (die Soziale Marktwirtschaft) die nach dem Grundgesetz allein zulässige Ordnung sei, so ist das ein Beispiel für eine solche Wirklichkeitsbestimmung. Das Bundesverfassungsgericht hat nämlich wiederholt festgestellt, dass das Grundgesetz wirtschafts- und ordnungspolitisch neutral ist und keine unmittelbare Verpflichtung auf eine bestimmte Wirtschaftsordnung enthält. Im Staatsvertrag zwischen der BRD und der DDR (über die Schaffung einer Währungs-, Wirtschafts- und Sozialunion) heißt es jedoch in Artikel 1 (3):

Grundlage der Wirtschaftsunion ist die *Soziale Marktwirtschaft* als gemeinsame Wirtschaftsordnung beider Vertragsparteien. Sie wird inbesondere bestimmt durch *Privateigentum, Leistungswettbewerb, freie Preisbildung und grundsätzlich volle Freizügigkeit von Arbeit, Kapital, Gütern und Dienstleistungen.*

Nutzen bestimmte Wirklichkeitsbestimmungen, die, wie wir weiter oben gesehen haben, zu ‚Objektivität' gerinnen können, nur bestimmten Gesellschaftsmitgliedern (Minoritäten), sind diese in besonderem Masse zur Legitimation ihrer Realitätssicht genötigt. In einer aufgeklärten Gesellschaft werden hierzu vor allem **Theorien** über die Realität bemüht. In aller Regel werden jedoch nur (nützliche) **Theorie-Elemente** zur Stützung der eigenen Position herangezogen. Dabei können die auch von den unterschiedlichsten Interessengruppen zitierten Theorie-Elemente aus dem gleichen Theoriegebäude stammen, wie z. B. die *Keynes*sche Theorie belegt, die sowohl von Vertretern einer politischen Ökonomie als auch von bürgerlichen Volkswirten zur Legitimation ihrer jeweiligen Wirklichkeitsbestimmung herangezogen wird.

Trotz aller Kritik an überkommenen Institutionen gilt es festzuhalten, dass keine Gesellschaft ohne arbeitsteilige Aufgabenerfüllung in hierfür gebildeten Institutionen auskommt. Diese Institutionen sind aber zum Zwecke der gesellschaftlichen Bedürfnisbefriedigung von Menschen geschaffen und bei mangelnder Legitimation oder fehlendem Sinn von diesen auch wieder zu verändern oder ganz abzuschaffen. **Produktion** und **Reproduktion** ihrer materiellen Existenz sind zentrale Erfordernisse jeder Gesellschaft; nur die Art und Weise, wie dieser gesellschaftliche Funktionsbereich organisiert ist, hat gravierende Folgen für Struktur und Verhalten der gesamten Gesellschaft.

Wirtschaftsgüter sind als knappe Güter zu definieren, mit denen in jeder Gesellschaft rationell und wirtschaftlich (sparsam) umgegangen werden muss. Erschöpft sich der Zweck wirtschaftlicher Betätigung in Erstellung (Produktion) und Verteilung (Distribution) wirtschaftlicher Güter zur bedarfsgerechten Versorgung der Bevölkerung (Befriedigung der in der Gesellschaft vorhandenen, d. h. von ihren Mitgliedern *selbst* artikulierten Bedürfnisse), kann man von **bedürfnisorientiertem Wirtschaften** sprechen, was dann auch eine entsprechende Lenkung der Betriebe erforderlich macht (gebrauchswertorientierte Produktion).

Demgegenüber steht ein **gewinnorientiertes Wirtschaften,** bei dem nicht die bedarfsgerechte Versorgung, sondern die Gewinnerzielung den Mittelpunkt des Unternehmerinteresses bildet (tauschwertorientierte Produktion).

Ähnlich wie es sich bei den bekannten Wirtschaftsordnungsmodellen *freie Marktwirtschaft* und *Zentralverwaltungswirtschaft* um Idealtypen handelt, sind auch die Prinzipien bedürfnisorientierten und gewinnorientierten Wirtschaftens in Reinkultur in der Realität kaum anzutreffen.

2. Egoismus und Liberalismus als Leitmotive des Wirtschaftens

Bis ins 17. und 18. Jahrhundert hinein bildeten Wirtschaft und Gesellschaft eine Einheit, und damit war allein bedürfnisorientiertes Wirtschaften mehr oder weniger selbstverständlich. Ein von den Zwecken der unmittelbaren Bedürfnisbefriedigung abgekoppeltes gewinnorientiertes Wirtschaften galt als moralisch verwerflich. Ethik, Politik und Ökonomie bildeten eine Einheit.
Erst mit dem Übergang zu einer kapitalistischen Produktionswirtschaft setzte eine Erosion der bislang engen Bindung von Ethik, Ökonomie und Politik ein. Die ganzheitliche Sicht des Wirtschaftsprozesses (Produktion und Konsumtion) sowie der Wirtschaftssubjekte (Produzent und Konsument) wird im Zuge einer gesellschaftlichen und wissenschaftsorganisatorischen Ausdifferenzierung in Teildisziplinen (Wirtschaftswissenschaften, Politikwissenschaften, Ethik) aufgegeben, und zwar zugunsten von Partialanalysen (z. B. Wirtschaftssubjekt als homo oeconomicus) und partikularistischen Interessen (z. B. ‚freies' Unternehmertum).

Antike und Mittelalter

Politische, ökonomische und ethische Einheit, d. h. Deckung (Verkopplung) von

- gesellschaftlichen Zwecken (z. B. materielle Bedürfnisbefriedigung)
- philosophische Überlegungen (z. B. Ethik und Moral)
- ökomonischer Betätigung (z. B. bedürfnisorientierte Produktion und Distribution)

Neuzeit (im Falle kapitalistischer Wirtschaftsordnung)

Auseinanderfallen (Entkopplung)[2] von

- gesellschaftlichen Zwecken
- philosophischen Überlegungen
- ökonomischer Betätigung (jetzt: Gewinnorientierung)

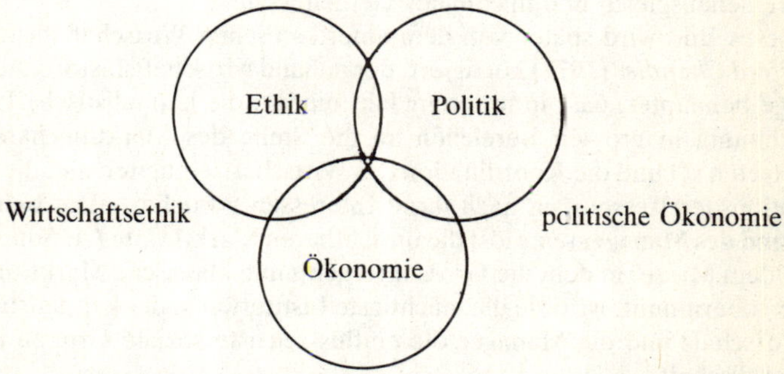

Abbildung 1.1: Auseinanderfallen von Ethik, Politik und Ökonomie in der Neuzeit

Eine solche, sich keineswegs naturgesetzlich herausbildende gesellschaftliche Veränderung bedurfte einer – nicht zuletzt auch ethischen und moralischen – **Legitimation.** Exemplarisch für einen solchen Legitimationsversuch (hier zur Begründung egoistischen Denkens und – darauf aufbauend – liberaler Wirtschaftsordnung) möge das häufig zitierte Argument des holländischen Arztes *Bernard de Mandeville* (1670–1733) dienen.

2 Eine Klammer zwischen den auseinanderdriftenden Teilsystemen wird im Bereich der Wissenschaft durch entsprechende Schwerpunktsetzungen, wie politische Ökonomie oder Wirtschaftsethik, angestrebt. Vgl. die analoge Darstellung der Entkopplung von Zwecken, Zielen und Motiven auf S. 71.

1705 veröffentlicht er die berühmte Bienenfabel (mit dem Untertitel: Private Laster, öffentliche Vorteile), die am Beispiel des Bienenstaates belegen soll, dass das Gewinnstreben des einzelnen (und keineswegs die Nächstenliebe) die Grundlage des Gesamtwohls einer Gesellschaft bildet; letzterer Effekt stellt sich jedoch ohne Absicht der Individuen ein. Egoismus und Selbstsucht seien darüber hinaus Konstanten der menschlichen Natur. Der für die damalige Zeit typische Verweis auf die Natur der Menschen und Dinge, um historisch gewachsene aber sozial konstruierte gesellschaftliche Strukturen und Institutionen zu rechtfertigen, findet sich auch heute noch in vielen Argumentationsmustern wieder.

Die Idee *Mandevilles* von den nicht intendierten positiven Folgen egoistischen Individualverhaltens wurde von *Adam Smith* (1723–1790) in der Rede von der unsichtbaren Hand aufgegriffen, die letztlich soziale Ordnungsstrukturen, wie die liberale Marktwirtschaft, zum Guten steuert. Die **unsichtbare Hand** sorgt über den Markt für einen harmonischen Interessenausgleich und maximales Gemeinwohl.
Dieses Bild wird später von dem amerikanischen Wirtschaftshistoriker *Alfred Chandler* (1977) korrigiert, der anhand wirtschaftshistorischer Belege behauptet, dass in unserem Jahrhundert die kapitalistische Unternehmung in grossen Bereichen an die Stelle des Marktmechanismus getreten sei und die Koordination der Wirtschaftseinheiten und die Allokation der Ressourcen nach ihren Interessen vornehme. Die **sichtbare Hand des Managements** löst die unsichtbaren Marktkräfte *(A. Smith)* ab. In dem Masse, in dem die Grossunternehmung klassische Marktfunktionen übernimmt, wird sie die mächtigste Institution in der kapitalistischen Wirtschaft und die Manager die einflussreichste soziale Gruppe in der Gesellschaft.
Ein weiterer Versuch zur Legitimation liberaler Wirtschaftsordnung bildet der Hinweis auf die Einheit von Eigentum (an den Produktionsmitteln), Kontrolle, (unternehmerisches) Risiko und Gewinn. Während der Eigentümer-Unternehmer **soziale Verantwortung** gegenüber Mitarbeitern und Öffentlichkeit zumindest dem Anspruch nach als seine genuine, unteilbare Aufgabe ansieht, lassen managergeleitete Unternehmungen diese Verantwortungsübernahme häufig vermissen. Aufgrund der Arbeitsteilung zwischen Eigentümern (Kapitalüberlassung) und Management (Unternehmungsführung) einerseits und innerhalb des Managements andererseits ist es zu einer entsprechenden Erosion der Eigenverantwortung, des ethischen Korrelates zur Macht, gekommen. In managergeleiteten Unternehmungen dominiert – wenn überhaupt – ein Denken in Kategorien rechtlicher Verantwortlichkeit, aber nicht in solchen moralischer Verantwortung. Es werden lediglich die minimalen Gebote der Fairness und der Legalität beachtet.

In dem Masse, in dem sich die Einheit von Eigentum, Kontrolle und Verantwortung durch die Trennung von Eigentum und Verfügungsmacht, die heute überwiegend beim Management liegt, aufgelöst bzw. verflüssigt hat, ist auch diese Legitimationsgrundlage brüchig geworden.

3. Betriebe und Unternehmungen als Wirtschaftseinheiten

In jeder entwickelten Gesellschaft bilden sich im Zuge gesellschaftlicher Arbeitsteilung **Organisationen,** die ihre gesellschaftliche Existenzberechtigung daraus ableiten, dass sie – vorgeblich oder tatsächlich – gesellschaftlich wichtige Funktionen erfüllen. Der raschen Ausbreitung eines bestimmten Typs organisierter Sozialsysteme; dem **Betrieb,** als besonders leistungsfähiger, effizienter Institution der Problembewältigung, gilt hier die besondere Aufmerksamkeit.

a) Wirtschaftssystembezogene Merkmale der Betriebe

Betriebe in zentral gesteuerten **Planwirtschaften** (Kommandowirtschaften) sind unselbständige, zentral erstellte Pläne ausführende Wirtschaftseinheiten, die in einem hierarchisch aufgebauten gesamtwirtschaftlichen Regelungssystem eingebunden sind. Die Betriebsleiter als Agenten des Prinzipals Staat tragen lediglich das Risiko einer mangelhaften Planerfüllung aber nicht das des ökonomischen Scheiterns im Wettbewerb. Dieser fehlende Konkurrenzdruck ermöglicht die Garantie sicherer Arbeitsplätze, eine egalitäre Entgeltpolitik und den weitgehenden Verzicht auf materielle Anreize, da Arbeit eine kollektive, gesamtgesellschaftliche Aufgabe einer jeden sozialistischen Persönlichkeit im Dienste des Gemeinwohls ist. Diese (idealistische) Auffassung steht im krassen Gegensatz zu *Mandevilles* Vorstellung von einem egoistischen nach persönlicher Nutzenmaximierung strebenden Menschen.

Aus real existierenden Planwirtschaften wissen wir, dass fehlende Eigeninitiative, fehlende Identifikation mit dem Produkt und dem Betrieb, fehlende Arbeitsmotivation bei insgesamt unbefriedigender Versorgung der Bevölkerung mit Konsumgütern den planwirtschaftlichen Idealen diametral gegenüberstehen.

In **marktwirtschaftlichen Systemen** handelt der Betrieb in bezug auf den Staat weitgehend autonom, erstellt seine Pläne selbst und übernimmt das Risiko, aus der Beteiligung am Wirtschaftsgeschehen einen Gewinn oder Verlust zu erzielen (allerdings mit den weiter oben gemachten Einschränkungen). Das Gewinnstreben überlagert und steuert (häufig auch unsichtbar) das gesamte Geschehen in der Unternehmung; das Denken in Wirtschaftlichkeiten und Rentabilitäten dominiert das der Bedarfsdekkung (vgl. das Kapitel ‚Ziele und Effizienz des Kombinationsprozesses'). Mitarbeiter müssen durch (überwiegend) materielle Anreize und Aufstiegsversprechen zu Höchstleistungen motiviert werden; eine Arbeitsplatzgarantie fehlt. Auf eine hohe Identifikation mit den Produkten (z. B. Markenartikel) und dem Betrieb (z. B. Schaffen einer starken Organisationskultur und Corporate Identity) wird grösster Wert gelegt; gesamtgesellschaftliche Zwecke der Leistungserstellung und Gemeinwohlaspekte spielen dagegen keine Rolle.

Organisationen, die sich mit der Absicht der Gewinnerzielung der Erfüllung einzelner aus gesellschaftlichen Funktionen ableitbaren Bedürfnissen widmen, bezeichne ich als *privatwirtschaftliche* Betriebe (Unternehmungen). Organisationen, die dies in der Regie des Staates (Öffentlichkeit) tun, ohne nach Gewinn, sondern allenfalls nach Kostendeckung zu streben, bezeichne ich als *öffentliche* Betriebe[3]. Betriebe als gesellschaftliche Institutionen der Leistungserstellung und -verwertung lassen sich nach dem **Eigentümer** einteilen in:

- privatwirtschaftliche Betriebe, d. h. Unternehmungen (überwiegend in privater Hand)
- öffentliche Betriebe (überwiegend in öffentlicher Hand)

In allen Betrieben fallen Managementaufgaben an, die Gegenstand dieses Buches sind.

Die **Unternehmung** ist also in dieser Betrachtungsweise ein besonderer Betriebstyp, der auf privatwirtschaftlich-erwerbswirtschaftlicher Basis arbeitet, und zwar in einer Wirtschaftsordnung, die durch

a) Privateigentum an den Produktionsmitteln und
b) Koordination über den Markt (über Preise)

gekennzeichnet ist.[4] Unternehmungen sind durch mindestens zwei Merkmale zu charakterisieren

- durch das Formalziel ‚Gewinnerzielung'
- durch die Entscheidungsmacht des Unternehmers (abgeleitet aus dem

3 Zu öffentlichen Betrieben zähle ich auch alle Anstalten, Körperschaften und Vereine, die ein Produkt erstellen oder eine Dienstleistung erbringen und hierfür einen Preis oder eine Gebühr in Rechnung stellen.

4 Der Staatsvertrag zwischen BRD und DDR nennt folgende Prinzipien der sozialen Marktwirtschaft: Freie Entscheidung der Unternehmen über Produkte, Mengen, Produktionsverfahren, Investitionen, Arbeitsverhältnisse, Preise und Gewinnverwendung.

Eigentum), die entweder von ihm selbst und/oder von angestellten Managern wahrgenommen wird.

Betriebe als technisch-organisatorische Produktionsstätten finden wir dagegen in allen Wirtschaftsordnungen, wobei deutlich eine Tendenz dahingehend zu erkennen ist, dass die im kapitalistischen Betriebstyp, der Unternehmung, entwickelten Entscheidungsverfahren und Managementtechniken vermehrt auch in öffentlichen und (ehemals) volkseigenen Betrieben der Ostblockstaaten Anwendung und Nachahmung finden.

b) Grundprinzipien effizienter Unternehmungsführung

Wie ist die besondere Leistungsfähigkeit erwerbswirtschaftlich geprägter Organisationen zu erklären? Drei Gründe können hierfür verantwortlich gemacht werden:

1. Trennung von Mitarbeiterzielen und Unternehmungszielen (Konzept der Stelle)
2. Trennung von Person und Funktion (Konzept der Rolle)
3. Trennung von Planung/Leitung und Ausführung (Konzept der Hierarchie).

Erstens wird die Organisationsstruktur personenunabhängig konzipiert, d. h. Ziel- und Entscheidungssysteme (Rationalstruktur) werden von individuellen Motivationen der Handelnden getrennt (Trennung von Motiv und Organisationsziel). Die Organisation muss – so die These –, wenn sie effizient handeln will, entpersönlicht, d. h. von störenden individuellen Zielen freigehalten werden. (**Konzept der Stelle** als versachlichter Komplex von Aufgaben, der unabhängig vom Stelleninhaber gebildet wird).

Durch die Lösung des Organisationsziels von den individuellen Motiven der Organisationsmitglieder steigt zwar die Regierbarkeit des Systems (im Sinne von leichter zu managen), diese wird aber in aller Regel durch ein Nachlassen der Arbeitsmotivation begleitet. Die Leistungsbereitschaft muss folglich gegen Geld, Aufstiegsversprechen, Statussymbole usw. erkauft werden.[5]

5 Neben dem Betriebssystem ‚Unternehmung' gibt es eine Vielzahl von sozialen Systemen, die explizit ihre Organisationsziele als werbende Motive für die Mitgliedschaft einsetzen, und die gerade *wegen* des Zieles von den Organisationsmitgliedern unterstützt werden (z. B. Kirchen, Gewerkschaften, Vereine). Hier ist es auch nicht – im Gegensatz zur Unternehmung – einfach möglich, das Sachziel beliebig zu verändern.

Das Ziel einer völlig zweckrationalen, formellen Organisation gelingt es nie zu erreichen, so dass stets ein Rest sozio-emotionaler Orientierung (Subjektivität) der Organisationsmitglieder verbleibt, was sich u. a. in informellen Beziehungen niederschlägt.

Die Einschätzung und Handhabung dieser **informellen Beziehungen** wechselten im Zeitablauf:

Lange Zeit galten informelle Beziehungen und Gruppen in ihren Auswirkungen auf die Organisation als schädlich und folglich als auszumerzende Störfaktoren. Heute weiss das Management, dass den unbestreitbar dysfunktionalen Konsequenzen von informellen Beziehungen (z. B. den Organisationszielen entgegengesetzte Gruppenziele, Förderung von Gerüchten über informelle Kanäle, Isolierung unbeliebter Mitarbeiter, Emotionalisierung ‚sachlicher' Konflikte) auch äusserst *positive Folgen* gegenüberstehen. So schliessen die informellen Gruppen Lücken, die selbst bei sorgfältigster Planung der Arbeitsabläufe unvermeidbar sind. Schnelle, unbürokratische Kommunikation innerhalb und zwischen Abteilungen, Befriedigung von Bedürfnissen, die formale Gruppen nicht gewähren können, besseres Verständnis für Probleme der Kollegen sind weitere positive Begleiterscheinungen informeller Gruppen. Die besondere Leistungsfähigkeit informeller Koordination zeigt sich am deutlichsten im Falle ihrer bewussten Verweigerung, wie etwa beim ‚Dienst nach Vorschrift'.

Der positive Effekt für die Unternehmung besteht darin, dass ungeplante Handlungsspielräume durch spontane organisationsdienliche Handlungen der Mitarbeiter ausgefüllt werden. Aus der Not einer nur unvollständigen Planung und Organisation macht das Management die Tugend einer Ausschöpfung neuen Motivationspotentials, das in dem Wunsch der Mitarbeiter nach Selbstorganisation und Selbstmanagement vermutet wird.

In der Regel genügen die ex ante entworfene strukturelle Trennung von Motiv und Ziel sowie die spontanen, ungeplanten Zusatzleistungen der Mitarbeiter nicht den Leistungserwartungen des Top Managements. Deshalb müssen permanente Interaktionen mit Vorgesetzten und Kollegen mit dem Ziel des Leistungsanreizes vorgesehen werden, quasi als Sinnproduktion im kleinen. Neuere Managementtechniken der Motivation und Personalführung versuchen, dieses Motivationsdefizit auszugleichen (vgl. Abschnitt V, 2).

Zweitens werden Verhaltenserwartungen generalisiert und standardisiert, und menschliches Handeln in Unternehmungen wird funktionalisiert (Trennung von Person und Funktion). Die Organisation muss – so die These –, wenn sie effizient handeln will, Verhalten und Handeln ihrer Mitglieder standardisieren, um es im Sinne der Organisationsziele zweckrational nutzen zu können (**Konzept der Rolle** als Verhaltenserwartung, die an den Inhaber einer bestimmten Position in der Organisation gerichtet ist).

Während die Stellenbildung Aufgaben unabhängig von der Person des Ausführenden (Aufgabenträger) normiert, schreibt die Rolle organisationsdienliches Verhalten unabhängig von der Person des Handelnden (Rollenträger) fest. Dies schafft gleichzeitig die Möglichkeit, dass sich der Handelnde (z. B. aus ethischen Überlegungen) von seiner Handlung (z. B. eine ‚harte' Managemententscheidung) distanzieren kann. Er kann ‚Mensch' bleiben und trotzdem der Organisation dienen; er muss nicht aus der Rolle fallen.

Eine organisatorische Rolle wird also unabhängig von der Person des möglichen Inhabers definiert, und die damit verbundenen Verhaltenserwartungen beziehen sich auf eine ebenso personenunabhängig gebildete Stelle. Die Verhaltenserwartungen richten sich z. B. an den Betriebsmeister und nicht an den Herrn Mayer, der zufällig Inhaber dieser Stelle ist. Das Handeln in Institutionen ist demnach nicht einzigartig, d. h. an eine Person gebunden, sondern als standardisiertes Verhalten einer austauschbaren Rolle konzipiert. Managen heisst dann die Rolle des Managers spielen.

Damit wird das Verhalten unabhängig von den Eigenheiten des jeweiligen Stelleninhabers standardisiert und für die Zwecke einer geregelten, ungestörten Aufgabenerfüllung prognostizierbar. Dies wird erleichtert durch das Lernen von Rollen in Sozialisationsinstanzen wie Schulen, Hochschulen und Weiterbildungsinstitutionen (Rollentraining z. B. durch Rollenspiele), und zwar unabhängig von der konkreten Verwertungssituation. Ähnlich wie das Stellenkonzept weist das Rollenkonzept einige gravierende Mängel auf, die sich vor allem auf die folgenden beiden unrealistischen Prämissen beziehen:

Die *Funktionalitätprämisse* beinhaltet die Annahme, dass die für den Systembestand erforderlichen Rolleninhalte und die Rollenstruktur bekannt sind und dass über Organisation und Führung Verhalten determinierbar sei. Weiterhin wird mit der *Rollenkonformitätsprämisse* angenommen, dass der Mensch als Rolleninhaber sich den Rollenanforderungen gänzlich konform verhält.

Reflexive Rollendistanz ist *eine* Voraussetzung, um sich den Gefahren einer den ganzen Menschen vereinnahmenden Einbindungsstrategie der Unternehmung zu widersetzen. Der Anspruch nach einer umfassenden

Identifikation mit dem Job und der Aufgabe, nach einer völligen Internalisierung der Ziele und Normen der Organisation (wie wir es vor allem aus japanischen Organisationskulturen kennen) stellt eine Gefahr für die Identität und Autonomie des Individuums dar. Das Rollenkonzept sieht für diesen Konflikt den Ausweg der Partialinklusion vor, d. h. das Individuum geht nicht als Gesamtpersönlichkeit in einer Rolle auf, sondern übernimmt nur *die* Verhaltenselemente, die zur erfolgreichen Rollenausübung erforderlich sind. Ein solch rational, distanziert agierender Manager ist jedoch heute immer weniger gefragt; gesucht wird der voll angepasste Leader mit hohem Commitment und charismatischer Ausstrahlung.

Drittens werden Verhaltenserwartungen spezialisiert und anschliessend hierarchisiert, um das arbeitsteilig gebildete System von Stellen und Rollen koordinieren zu können. Die Organisation muss – so die These –, wenn sie effizient handeln will, Stellen und Abteilungen in ein System der Über-, Unter- und Nebenordnung bringen, wobei sich die Höhe der Position in der Pyramide aus der Art der Aufgabe ergibt; Entscheidungsaufgaben werden mit Weisungsbefugnis ausgestattet und in oberen und mittleren Managementebenen konzentriert, während Ausführungsaufgaben an der Basis angesiedelt werden (Trennung von Leitung und Ausführung).

Das **Konzept der Hierarchie** ist verständlicherweise auf stärkere Kritik gestossen als das von Stelle und Rolle, denn hier offenbart sich der Charakter der Unternehmung als Herrschaftsverband ganz deutlich und erschwert somit dessen Akzeptanz. Herrschaft wird als notwendige Bedingung zur Koordination arbeitsteiliger sozialer Systeme bezeichnet, auch wenn damit Zwangsverhältnisse begründet werden. Dieser Nebeneffekt ist gar nicht so unerwünscht, denn das Organisationsprinzip ‚Hierarchie' hat neben der Koordinationsfunktion die Funktion der Sicherung und Stabilisierung von Herrschaftsansprüchen der jeweils Mächtigen und ihrer Manager; im Falle von Anteilseignern zur möglichst ungestörten Kapitalverwertung.[6]

Dabei ist die Spitze der Hierarchie austauschbar. An die Stelle von Produktionsmitteleigentümern können z. B. Politiker, Parteifunktionäre oder gewählte Arbeitnehmervertreter treten.

Da es schwer fällt, die **Herrschaftssicherung** als notwendig im Sinne einer effizienten Leistungserstellung auszugeben, ist es erforderlich, Herrschaft zu objektivieren und als rationales Systemerfordernis darzustellen. Dies geschieht einmal durch das Aufstellen formaler Regeln und Pro-

6 ‚Störungen' treten etwa im Zuge der Mitbestimmung auf.

gramme (Bürokratisierung), durch die ‚Sachzwänge' produzierende Organisation des Fertigungsflusses (Mechanisierung und Automatisierung) als Form entpersönlichter Herrschaft, und zum andern durch die Ablösung persönlicher Macht des klassischen Linienvorgesetzten (Amtsautorität, positionale Autorität) durch professionalisiertes Expertentum (Fachautorität, funktionale Autorität). Durch die Professionalisierung des Managements wird die **Akzeptanz** von Machtausübung erhöht, da eine gesellschaftlich eher anerkannte Machtbasis gewählt wird (Expertentum). Unverändert wird jedoch der Anspruch erhoben, dass die Asymmetrie von Macht in Unternehmungen ein notwendiges Funktionserfordernis im Sinne effizienter Zielerreichung sei. Partielle Korrekturen durch Mitbestimmung, Mitwirkung und Mitsprache können diese Verhältnisse nur modifizieren.

Aufgabe des **Managements** ist es, die in den drei Konstruktionsprinzipien effizienter Organisations- und Führungssysteme,
- Trennung von Motiv und Ziel,
- Trennung von Person und Funktion,
- Trennung von Leitung und Ausführung,

angelegten Leistungspotentiale zu nutzen sowie die zentrifugalen Kräfte etwa durch eine einende Organisationskultur zu mindern, damit eine möglichst zweckrationale Aufgabenerfüllung möglich wird.

4. Rechts- und Wirtschaftsordnung: Die Rahmenbedingungen gewinnorientierten Wirtschaftens

Die *Wirtschaftsordnung* der Bundesrepublik Deutschland wird als **Soziale Marktwirtschaft** bezeichnet. Sie stellt eine Sonderform kapitalistischer Wirtschaftsordnung dar. Ein gravierender Unterschied zu nicht-kapitalistischen Wirtschaftsordnungen, wie etwa denjenigen in sozialistischen Staaten, besteht in der gesetzlich abgesicherten Form des Privateigentums an Produktionsmitteln und dessen ungleicher Verteilung. Nach Artikel 14 (Abs. 1) GG werden das Eigentum und das Erbrecht gewährleistet. Nach Abs. 2 verpflichtet Eigentum; sein Gebrauch soll zugleich dem Wohle der Allgemeinheit dienen. Die eine solche Wirtschaftsordnung konstituierenden Merkmale sind die unternehmerische Verfügungsmacht über die zur Leistungserstellung und -verwertung notwendigen Ressourcen (abgeleitet aus dem Eigentum an Produktionsmitteln), die Art und Weise, wie die Informationen über die individuellen und kollektiven Bedürfnisse in der Gesellschaft beschafft werden, und die Form, in der die Koordination der Entscheidungen von Konsumenten und Produzenten abläuft (Markt).

Unsere *Rechtsordnung* sieht zur Regulierung der ökonomischen Austauschprozesse eine Vielzahl von **Verträgen** vor. Die Unternehmung selbst kann als ein System von privatrechtlichen Verträgen interpretiert werden. Nach Gesellschaftsrecht ist eine Unternehmung eine Gesellschaft, d. h. eine freiwillige Personenvereinigung des *Privatrechts*. Die **Gesellschafter** verfolgen mit der Unternehmung private Gewinninteressen. Die Verteilung der Gewinne bzw. Verluste ist im *Gesellschaftsvertrag* geregelt. Lieferanten und Kunden treten durch *Kaufverträge* und Arbeitnehmer durch *Arbeitsverträge* mit der Gesellschaft in Rechtsbeziehung. Während die Interessen der Lieferanten und Kunden über den **Marktmechanismus,** dessen Funktionieren staatlicherseits kontrolliert wird (z. B. Gesetz gegen Wettbewerbsbeschränkung, Kartellamt), geschützt werden, bestehen für die Arbeitnehmer zusätzliche **Schutzgesetze** (z. B. Kündigungsrecht, Arbeitszeitordnung, Arbeitssicherheitsgesetz). Das kollektive Arbeitsrecht (z. B. Tarifvertragsgesetz, Mitbestimmungsgesetz, Betriebsverfassungs- und Personalvertretungsgesetz) regelt die besonderen Beziehungen zwischen Arbeitgeber und Arbeitnehmer (vgl. Abschnitt 4d) über Industrielle Beziehungen).

a) Private Verfügungsmacht über Kapital und Arbeit

Kapital, im Sinne von Geld für Investitionszwecke, ist ein knappes Gut wie alle Wirtschaftsgüter und erfordert einen entsprechend sparsamen Umgang. Der an Mehrung seines Kapitals interessierte Eigentümer (Gesellschafter, Anteilseigner) handelt rational, zeigt Kapitalverwertungsinteresse, wenn er es dort einsetzt (investiert), wo es bei vergleichbarem Risiko die höchste **Rendite** verspricht. Sein Interesse ist also in diesem Falle nicht die bedarfsgerechte Versorgung der Bevölkerung mit Wirtschaftsgütern (bedürfnisorientiertes Wirtschaften im Interesse des Gemeinwohls), sondern die möglichst risikolose Mehrung seines Einkommens (Eigennutz). Insofern kann man hier von einem gewinnorientierten Wirtschaften sprechen, was dann auch eine gewinnorientierte Lenkung der Betriebe erforderlich macht. Ziel wirtschaftlicher Betätigung (Produktion und Distribution) ist für den Eigentümer der Produktionsmittel also nicht konkret das Produkt (Sachziel), das irgendein Bedürfnis befriedigen soll, sondern abstrakt die Mehrung von Kapital (Formalziel). Da das Formalziel (Gewinnerzielung) gegenüber den eher variablen Sachzielen (Art und Eigenschaft der angebotenen Produkte) hohe Konstanz und Dominanz aufweist, prägt es auch nachhaltig die Strukturen und sozialen Beziehungen in den Unternehmungen.

Andere Ziele, wie z. B. der *Umweltschutz,* werden allenfalls als Nebenbedingungen aufgefasst, die zwar den unternehmerischen Handlungsspielraum einschränken, aber nicht ignoriert werden können, weil sie der Unternehmung per Gesetz und/oder durch öffentlichen Druck aufgezwungen werden; eine Missachtung dieser Forderungen würde sich langfristig negativ auf die Existenz der Unternehmung als Quelle der Gewinnerzielung auswirken. Da **Umwelt** ein gesellschaftliches Gut (Kollektivgut) ist und der Umweltschutz damit ein gesellschaftliches Ziel, trägt eine Unternehmung, wenn sie Umweltschutzmassnahmen ergreift, zwar zur Erfüllung des gesellschaftlichen Ziels ‚Umweltschutz' bei, Umweltschutz wird damit aber nicht zu einem Ziel der Unternehmung, wie häufig behauptet wird. Die Berücksichtigung des Umweltschutzes in erwerbswirtschaftlichen Unternehmungen stellt damit faktisch eine *Restriktion des Gewinnziels* dar und kein eigenständiges Ziel. Die Behauptung von Unternehmungen, dass sie das Kundeninteresse oder den Umweltschutz als oberstes Ziel betrachten, stellt eine Verschleierung des Eigeninteresses an einer Gewinnmaximierung dar.

Die Befriedigung gesellschaftlicher Bedürfnisse erfolgt nur dann und nur insoweit, wie sie die Rentabilität des Kapitaleinsatzes sichert bzw. erhöht. Andererseits kann es sich keine Unternehmung leisten, an den Bedürfnissen der Gesellschaft vorbeizuproduzieren. Gewinne kann sie nur dann erzielen, wenn die hergestellten Waren von zahlungskräftigen Nachfragern für ihre Bedürfnisbefriedigung als geeignet akzeptiert und zu einem zumindest kostendeckenden Preis erworben werden.

Das Streben der Eigentümer nach Gewinnmaximierung ist so lange als unproblematisch angesehen worden, so lange das unternehmerische Handeln *positive Effekte,* wie z. B. Schaffung von Arbeitsplätzen, Zahlung von Steuern, Bereitstellen von nützlichen Gütern und Dienstleistungen, hervorbrachte. Legitimiert wurde die Dominanz des Eigentümers durch sein unternehmerisches Handeln, das im Rahmen einer klassisch-liberalen bzw. neoliberalen Staats- und Wirtschaftsordnung dazu diente, durch das Handlungsmotiv des Eigennutzes und das Handlungsziel der Vermögensmehrung zugleich ein Optimum an gesamtgesellschaftlicher Wohlfahrt zu erreichen.

Aufgrund der unterschiedlichen Interessenlagen kann es jedoch leicht zu einem **Widerspruch** zwischen gesellschaftlichen Erwartungen und privatwirtschaftlichen Entscheidungen kommen. Da die Bedürfnisbefriedigung aus der Sicht des Eigentümers lediglich ein Instrument zur Befriedigung seiner ökonomischen Interessen ist, und der Unternehmer demgegenüber, was er produziert, prinzipiell gleichgültig gegenübersteht, ergeben sich gesellschaftliche Abhängigkeitsverhältnisse (des Gemeinwohls vom

Privatwohl) und zwangsläufig Konfliktsituationen. Diese Gleichgültigkeit gegenüber dem hergestellten und vertriebenen Produkt ist systemnotwendig. Der Unternehmer kann sich hier wegen der Gefahr des Bankrotts keinerlei Sentimentalität bzw. Vorlieben gegenüber seinen Erzeugnissen leisten, sofern sie nicht nachhaltig zur Gewinnerzielung beitragen.

Durch die rechtliche Absicherung des Privateigentums an den Produktionsmitteln und dessen ungleicher Verteilung über die Bevölkerung sowie der ungleichen Verteilung der Erträge aus unternehmerischer Betätigung werden ungleiche **Machtverhältnisse** permanent reproduziert. Dabei beschränkt sich die Macht nicht nur auf die Verfügung über die im Eigentum befindlichen Güter an sich (Vermögen), sondern sie ermöglicht in einer kapitalistischen Rechts- und Wirtschaftsordnung über das *Direktionsrecht* des Unternehmers gegenüber dem Arbeitnehmer auch die Herrschaft über das Personal der Unternehmung, in dem dieses Kapital investiert ist. Die Anteilseigner und die von ihnen beauftragten Manager bestimmen weitgehend *autonom*[7] den Output (Sachziele) und – was für die Herrschaftsausübung am wichtigsten ist – die Eintritts-, Mitgliedschafts- und Austrittsbedingungen für die Arbeitnehmer. Aus der Herrschaft über die Produktionsmittel leitet sich also Herrschaft über Menschen ab.

Das hier beschriebene Abhängigkeitsverhältnis wird noch dadurch verschärft, dass neben dem Produktionsfaktor Kapital der Faktor **Arbeit** in keiner vergleichbaren Konzentration auftritt. Durch die Atomisierung des Angebots von Arbeit und die horizontale und vertikale Arbeitsteilung in den Unternehmungen führt der Besitz von Arbeitskraft, auch bei gewerkschaftlicher Organisation, zu keinem vergleichbaren Machtpotential. Derjenige, der lediglich Eigentümer von Arbeit ist, findet nur dadurch Zugang zu Einkommen, dass er seine Arbeitskraft an den Eigentümer der Produktionsmittel verkauft. Der Arbeitsvertrag wird vom Arbeitgeber mit der Absicht geschlossen, das in der Unternehmung investierte Kapital zu mehren und nicht das Einkommen des Arbeitnehmers. Da sich Arbeitnehmereinkommen als Lohnkosten gewinnmindernd auswirkt, ergibt sich ein Verteilungskonflikt zwischen Arbeitgebern und Arbeitnehmern.

7 Diese Autonomie der unternehmerischen Entscheidung ist jedoch im Laufe der letzten 100 Jahre von verschiedenen Seiten her immer mehr eingeengt worden; neben dem zunehmenden nationalen und internationalen Wettbewerb erfolgte dies vor allem durch staatliche Intervention.
Der sich daraus ergebenden Einengung des unternehmerischen Handlungsspielraumes wird mit verschiedenen Strategien entgegengewirkt, auf die ich später noch eingehen werde (vgl. S. 73f. der Arbeit).

Die fundamentale Verschiedenheit zwischen Kapitalbesitz und Arbeitsbesitz erfordert einige vertiefende Überlegungen zum **Stellenwert von Arbeit.** Die Art und Weise der Teilhabe am Arbeitsprozess, sei es in verschiedenen Formen ausführender oder leitender Tätigkeit, definiert die materiellen Lebensbedingungen (Macht, Privilegien, soziales Ansehen) des Arbeitenden und seiner Angehörigen. Somit bestimmt Arbeit und die Art ihrer Organisation nicht nur das Arbeits- und Privatleben des Individuums, sondern prägt die gesamte gesellschaftliche Struktur. Arbeit ist *die* Voraussetzung zur Sicherung der Existenz menschlicher Gesellschaften. Arbeit steht vor allem in Industriegesellschaften trotz feststellbarer Wertwandlungstendenzen an zentraler Stelle im menschlichen Leben; Arbeit ist von ausschlaggebender Bedeutung für Entwicklung und Stand

- einer Volkswirtschaft (Produktion von Gütern und Dienstleistungen)
- der Person des Arbeitenden (Sozialisation, Selbstwertgefühl, Status, gesellschaftliche Stellung, Lebensstil und Lebenschancen)
- der von den Arbeitenden direkt oder indirekt Abhängigen (Familienangehörige, Kinder, Jugendliche, Rentner, Kranke, Arbeitslose).

Der Umstand, dass der Arbeitende nicht selbst über Produktionsmittel verfügt und somit fremder Herrschaft unterworfen ist, sowie die Tatsache, dass der Arbeiter zur Zeit der Frühindustrialisierung unter zum Teil menschenunwürdigen Arbeitsbedingungen in einer ihm fremden Arbeitsumgebung arbeiten musste, ist von *Karl Marx* (1818–1883) mit dem Begriff der **Entfremdung** belegt worden. Dabei unterschied er folgende Aspekte der Entfremdung:

- Entfremdung des Arbeiters vom Produkt seiner Arbeit: Der Arbeiter verfügt weder über die Produktionsmittel noch über das Produkt seiner Arbeit, und folglich steht das Ergebnis seiner Tätigkeit ihm fremd gegenüber.
- Entfremdung des Arbeiters vom Prozess der Arbeit: Da der Arbeiter seine Tätigkeit nur als Mittel zur Bedürfnisbefriedigung versteht und seine unmittelbaren Bedürfnisse nur ausserhalb der Arbeit befriedigen kann, ist auch die Tätigkeit selbst entfremdet.
- Entfremdung des Menschen von seinen Arbeitskollegen: Durch Arbeitsteilung, Konkurrenzkampf und kommunikationshinderliche Arbeitsorganisation werden die zwischenmenschlichen Bindungen unterbrochen, die zu einer Befriedigung sozialer Bedürfnisse notwendig sind.

Durch die instrumentelle Ausrichtung der Arbeit (Mittel zur Existenzsicherung) kann der Arbeiter die Frage nach dem **Sinn der Arbeit** nur schwer beantworten.

Ebenso wie für den Kapitalisten scheint auch für den Arbeiter das Produkt, das er (mit) herstellt, beliebig zu sein. **Arbeitsmotiv** wäre dann nicht mehr konkret die Produktion eines Gutes zur Befriedigung eines Bedürfnisses, sondern abstrakt Lohn als Mittel zur Befriedigung von Bedürfnissen ausserhalb der Arbeit (instrumentalistische Arbeitseinstellung). Dem steht entgegen, dass die meisten Menschen ein Bedürfnis nach sinnvoller Arbeit haben und in ihrer Arbeit eine wichtige Quelle der Selbstwertfindung sehen. Insofern ist es verständlich, dass man mit neueren Formen der Arbeitsstrukturierung versucht, der Arbeit inhaltlich wieder einen für den arbeitenden Menschen akzeptablen Sinn zu geben.

Ein weiteres Konfliktpotential ergibt sich aus dem Umstand, dass der Arbeitende einmal als Staatsbürger mit allen anderen gleiche Rechte und Pflichten geniesst (politischer Lebensbereich), dagegen als lohnabhängiger Arbeitnehmer im Betrieb in Gestalt der Leitungshierarchie auf ein fein ausdifferenziertes System von Über- und Unterordnung stösst (beruflicher Lebensbereich) und mit Ausnahme der gewählten Arbeitnehmervertreter von der bewussten Teilnahme auch an den ihn selbst betreffenden Entscheidungen weitgehend ausgeschlossen bleibt.
Gesellschaftliche Zwecke (Bedürfnisbefriedigungen), Unternehmungsziele (Gewinnerzielung) und individuelle Motive des Arbeitenden fallen also in den meisten Fällen auseinander. Die Gefahren einer solchen Entwicklung für den Bestand einer Gesellschaft sowie Strategien der Vertuschung oder Legitimierung dieser objektiven Widersprüche als wesentliche Aufgaben des Managements werden in einem späteren Abschnitt behandelt (vgl. Kapitel III, 2 sowie Abb. 3.3).

Die Diskussion der Bedeutung des Privateigentums an den Produktionsmitteln als Ursache für die Herrschaft von Menschen über Menschen in ökonomischen Systemen soll nicht abgeschlossen werden, ohne auf einige wichtige Defizite in den bislang vorgetragenen Argumenten hinzuweisen. Die Institution des Privateigentums wird m. E. in der **Kapitalismuskritik** erheblich überschätzt. Auch wenn die Produktionsmittel sich *nicht* in privater Hand befinden (öffentliche Betriebe, volkseigene Betriebe in sozialistischen Staaten wie auch in Betrieben nach dem Modell der jugoslawischen Arbeiterselbstverwaltung), lassen sich in aller Regel die gleichen sozialen Kontrollmechanismen und Herrschaftsverhältnisse (Management – Arbeiter) wie bei kapitalistischer Produktionsweise feststellen. Bei genauerer Analyse dieser scheinbaren Ähnlichkeiten in den Herrschaftsverhältnissen dürfen jedoch folgende Tatbestände nicht übersehen werden: Die Produktivitätsunterschiede zwischen den ‚Systemen' sind nachweislich erheblich. Die Vermutung ist begründet, dass hierfür nicht nur technologische und arbeitsorganisatorische Unterschiede ausschlaggebend sind, sondern dass der Leistungsdruck auf die Arbeitenden im marktwirtschaftlichen System höher ist als in sozialistischen Systemen. Erklärbar ist dies u. a. durch das dort fehlende Arbeitsplatzrisiko.

Wie ist es aber zu erklären, dass sich auch nach Aufhebung des Eigentums an den Produktionsmitteln demokratisch nicht legitimierte Herrschaftsverhältnisse herausbilden? Einmal darf nicht übersehen werden, dass Verstaatlichung oder Sozialisierung nicht identisch sein muss mit der Aufhebung des Kapitalismus, vor allem dann nicht, wenn nach wie vor entfremdete Arbeit vorherrscht. Daneben müssen weitere Gründe dafür existierten, Betriebe als Herrschaftsverband mit der Hierarchie als zentralem Koordinationsinstrument zu organisieren. Auf solche möglichen Gründe bin ich im vorangegangenen Abschnitt eingegangen.

Hierarchische Kontroll- und Koordinationsmechanismen sowie bürokratische Organisationsformen sind in Betrieben jedweder Wirtschaftsordnung anzutreffen, und überall werden privilegierte Machtpositionen immer wieder reproduziert, obwohl unbestritten ist, dass dies keineswegs der Effizienzsteigerung dient.

b) Koordination von wirtschaftlichen Entscheidungen über den Markt

Neben dem Privateigentum stellt der **Markt** im Kapitalismus ein zweites zentrales Organisationsprinzip der Wirtschaft dar. Im Gegensatz zur Zentralverwaltungs- oder Planwirtschaft wird die Koordination der unzähligen Einzelentscheidungen von Haushalten und Unternehmungen weitgehend der Selbstregulierung des Marktes überlassen. Idealtypisch planen Individuen und Unternehmungen ihre wirtschaftlichen Handlungen *dezentral* und *autonom*. Sie koordinieren diese Entscheidungen mittels Preisen über Märkte. **Marktpreise** steuern die Ressourcen bei Abwesenheit jeglicher (z. B. staatlicher) Interventionen in Richtung der angemeldeten Bedürfnisse. Kapital fliesst dorthin, wo der höchste Zins gezahlt wird, Arbeit dorthin, wo die höchsten Löhne gezahlt werden. Preise stellen im liberalen Marktmodell das Gleichgewicht zwichen den knappen Ressourcen und den vorhandenen Bedürfnissen her.

Durch diesen **Marktmechanismus** soll gleichzeitig auch ein Ausgleich unterschiedlicher Interessen erfolgen. Daneben soll der Markt Informationen über die aktuellen Bedürfnisse der Gesellschaftsmitglieder sowie über Verbraucherpräferenzen liefern. Darauf aufbauend – so die Theorie – erfolgt eine zweckrationale, bedarfsorientierte Allokation von Ressourcen (Kapital und Arbeit). Während Betriebe u. a. auf Grund der hohen Fixkostenbelastung gezwungen sind, für alle betrieblichen Teilbereiche

Pläne zu erstellen *(ex ante Koordination),* erfolgt durch den Markt lediglich eine *ex post Koordination* (Marktanarchie). Dies führt in hohem Masse zu Risiken und Unsicherheiten auf seiten des Managements. Die betriebliche **Planung** und darauf aufbauend die zentralen Entscheidungen über das Produktions- und Investitionsprogramm müssen zumindest auf mittlere Frist erfolgen, ohne auf die nachträgliche Sanktionierung durch den Markt zu warten. Um dieses Risiko zu mindern, werden spezifische Instrumente der Marktbeeinflussung notwendig (vgl. Marketing-Mix in Kapitel VI, 2).

Im Idealzustand einer **vollkommenen Konkurrenz** wetteifern unabhängig voneinander disponierende Unternehmer um die Gunst der Befriedigung individueller und kollektiver Bedürfnisse. Eine solche Wirtschaftsweise stellt jedoch keineswegs den Wunschtraum eines nach möglichst rentabler Kapitalverwertung strebenden Privatunternehmers dar. Vielmehr versucht er durch Absprachen und/oder Zusammenschluss mit anderen Unternehmungen, den harten Wettbewerb zu mildern und die Kosten der Markttransaktion zu mindern.

Es stellt sich also die Frage, warum es in unserer Wirtschaftsordnung neben privaten Ein-Mann-Unternehmungen Mehrpersonenunternehmungen unterschiedlicher Grösse, Rechtsform und Eigentümerstruktur gibt. Naheliegend ist zunächst die Erklärung, dass eine Mehrpersonenunternehmung immer dann entstehen und wachsen wird, solange der wertmässige Output einer Personenmehrheit (Gruppe) grösser ist als die Summe individuell erstellter Outputs. Im einzelnen lässt sich diese Behauptung wie folgt belegen: Die Erstellung eines Gutes oder einer Dienstleistung erfordert die Durchführung einer Vielzahl von Teilaufgaben. Diese können prinzipiell innerhalb (Unternehmung, *hierarchische Koordination*) oder ausserhalb (Markt, *nicht-hierarchische Koordination*) bzw. in einer Mischung von beiden Koordinationsformen erledigt werden. Neben den (internen) Kosten der Produktion (Umwandlung von Input in Output) entstehen Kosten der Koordination bzw. Transaktion. Dies sind Kosten der Information und Kommunikation, wie z. B. Anbahnungskosten, Verhandlungskosten, Überwachungskosten (für Preise und Termine) oder Kontrollkosten. Bei Existenz von Wettbewerbsbedingungen, rationaler Wahl und nutzenmaximierendem Verhalten der wirtschaftenden Subjekte wird sich *die* Koordinationsform durchsetzen, welche die geringsten Kosten verursacht. So wird von den Anhängern des **Transaktionskostenansatzes** die Existenz von Unternehmungen, speziell von Grossunternehmungen, mit *Marktversagen* erklärt, d. h. Koordination über den Markt ist zu teuer, Koordination in Unternehmungen kostengünstiger. Konsequent weitergedacht hiesse dies, dass es letztlich – bei Abwesenheit staatlicher Eingriffe – landes- oder gar weltweit nur noch *eine* Unternehmung pro Output-Art (Branche) geben dürfte. Dass dem nicht so ist, erklärt sich aus *Hierarchieversagen,* d. h. marktliche Koordination ist in bestimmten Situationen kostengünstiger als hierarchische. So steigen bei wachsender Unternehmungsgrösse vor allem die Kontrollkosten (z. B. Überwachung der nicht am Ergebnis beteiligten Lohnarbeiter, Kosten der Logistik einer Koordination räumlich dezentraler Produktionsstätten).

Heute ist in den grossen Industrienationen ein Trend zur marktlichen Koordination festzustellen. Bei der Entscheidung über Eigenfertigung (Hierarchie) oder Fremdbezug (Markt) wird die Wahl immer häufiger auf letztere fallen. Bislang in der Unternehmung erledigte Aufgaben, wie z. B. Fertigung von Vorprodukten, Datenverarbeitung, Personalbeschaffung, werden verstärkt *externalisiert,* d. h. auf Zulieferanten übertragen. Davon ist das Autonomiestreben der Unternehmungen allerdings nicht betroffen; dieses bezieht sich nicht nur auf Lieferanten und Konkurrenten, sondern auch auf die Kunden, die angeblich in der Marktwirtschaft König sind (Konsumentensouveränität). Durch Verdrängungswettbewerb, Konzentration, Oligopolisierung und internationale Verflechtung haben viele Unternehmungen eine marktbeherrschende Stellung erlangt (**Aussenmacht** der Unternehmung), die es ihnen erlaubt, relativ autonom Preise und Mengen zu setzen, die Verbraucherwünsche teilweise durch aussergewöhnlich hohe Werbeaufwendungen zu beeinflussen, die Lieferanten unter Druck zu setzen und Einfluss auf das Politiksystem zu nehmen (z. B. über Lobbyismus). Die Versuche des Gesetzgebers und der Exekutive, diese Auswüchse zu verhindern (z. B. Gesetz gegen unlauteren Wettbewerb; Kartellamt) gestalten sich aufgrund der schwierigen Beweislage häufig als wenig erfolgreich. Auch das Kartellamt ist aufgrund fehlender Macht und Möglichkeiten kaum in der Lage, die Realität an den Idealzustand einer vollkommenen Konkurrenz anzunähern.

Marktmacht erlaubt es den Unternehmungen, Bedürfnisse selektiv zu befriedigen, d. h. sich auf die Erzeugung solcher Produkte bzw. Dienstleistungen zu beschränken, deren Produktion und/oder Vertrieb Gewinne versprechen. Unterstellt man in einer durch den Kapitalismus geprägten Gesellschaft das Gewinnstreben als Grundmotiv selbständiger unternehmerischer Betätigung, geht von der freien Wahl des Gegenstandes (Gewerbefreiheit), d. h. Art der angebotenen Bedürfnisbefriedigung aus, und macht schliesslich noch die Annahme, dass eine wirtschaftliche Betätigung nicht in allen Funktionsbereichen der Gesellschaft in gleicher Weise gewinnversprechend ist, so wird unmittelbar verständlich, warum einige Funktionsbereiche das besondere Interesse von Unternehmern finden, andere aber völlig vernachlässigt werden. In einer solchen Gesell-

schaft werden bestimmte Bedürfnisse, wie etwa die nach lebensnotwendigen Konsumgütern (z. B. Nahrungsmittel, Arzneimittel) besonders beliebte Objekte wirtschaftlicher Betätigung sein, andere aber, wie etwa Erziehung, Sozialarbeit – da wenig gewinnversprechend – vernachlässigt werden. Deshalb bleiben trotz der Rede von der „Gesellschaft im Überfluss" grosse Bereiche gesellschaftlicher Bedürfnisse unbefriedigt. Ich denke hier z. B. an das Bildungswesen, Gesundheitswesen, Umweltschutz, Stadtsanierung. Hier greift in aller Regel der Staat ein und übernimmt einmal die Erfüllung ‚unrentabler' aber gesellschaftlich notwendiger Funktionen und zum anderen die für die Stabilisierung und Entwicklung einer Gesellschaft besonders kritischen Funktionsbereiche (z. B. Verteidigung, Erziehung, Kommunikation, Verkehr) zum Teil in eigener Regie.
Der Staat und, für ihn, öffentliche Betriebe erbringen also Leistungen und bieten Güter und Dienste an, die der private Sektor nicht bereitstellen will oder kann.

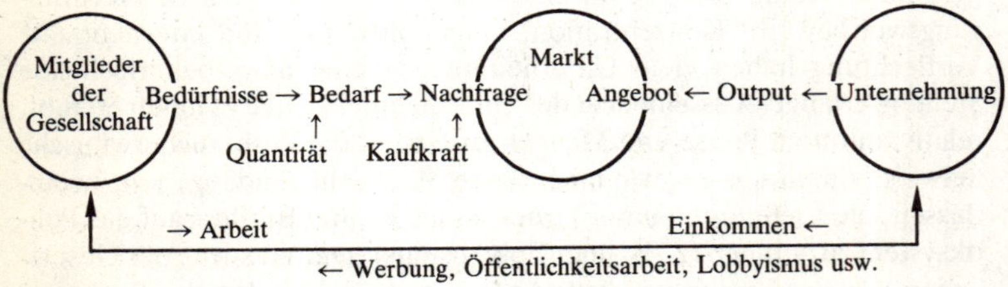

Abbildung 1.2: Ein einfaches marktwirtschaftliches Kreislaufmodell

Voraussetzung für das unternehmerische Tätigwerden ist eben nicht allein die Existenz von **Bedürfnissen** in einer Gesellschaft, sondern diese müssen in aller Regel in einer ausreichenden Quantität erkennbar (**Bedarf**) und in einer Marktwirtschaft mit ausreichender Kaufkraft ausgestattet sein (**Nachfrage**). Nur Bedürfnisse solcher Mitglieder einer Gesellschaft sind für Unternehmungen interessant, die willens und in der Lage sind, für deren Befriedigung einen zumindest kostendeckenden Preis zu zahlen. Bürger, die hierzu aus welchen Gründen auch immer nicht in der Lage sind, werden zur entsprechenden Bedürfnisbefriedigung an den Staat verwiesen (sog. Soziale Marktwirtschaft).
Die in Abbildung 1.2 eingezeichnete Rückkopplung zwischen Unternehmung und Gesellschaft deutet schon an, dass Unternehmungen, die sich zur Produktion und/oder Distribution eines bestimmten Outputs entschlossen haben, nicht nur auf die allmähliche Konkretisierung von Bedürfnissen über Bedarf bis hin zur kaufkräftigen Nachfrage am Markt

warten können, sondern gezielt mit dem koordinierten Einsatz von **Marketinginstrumenten** (vor allem Werbung) in den Willensbildungsprozess beim potentiellen Käufer eingreifen. Eine weitere Verknüpfung zwischen Unternehmungen und Gesellschaft besteht darin, dass die meisten erwachsenen Mitglieder einer Gesellschaft zugleich **Arbeitnehmer** in einer Unternehmung oder einem öffentlichen Betrieb sind, was – wie weiter oben ausgeführt – ihre berufliche und private Existenz entscheidend beeinflusst.

c) Marktunvollkommenheit und Marktversagen

Bei dieser Sachlage sind wir weit von den theoretischen Vorstellungen einer optimalen Koordination von Angebot und Nachfrage über den Markt, einer Konsumentensouveränität und einem Ausgleich der Interessen durch den Marktmechanismus entfernt. Der **Markt** löst eben nicht nur Probleme, sondern er schafft auch neue, die dann mit Hilfe staatlicher Sozial- und Verteilungspolitik gemildert werden müssen.
Konsequenterweise wird die durchgängige Funktionalität des unternehmerischen Gewinnstrebens sowie der (unsichtbaren) Steuerungskräfte des Marktes zum Wohle der Gemeinschaft insgesamt in Frage gestellt.

Im **liberalen Marktmodell** wird übersehen, dass zum einen ausserökonomische Bedürfnisse vollkommen vernachlässigt und zum anderen ökonomische Bedürfnisse nur im Rahmen der Kaufkraft des Konsumenten berücksichtigt werden. Die ungleiche Verteilung von Kaufkraft in der Bevölkerung und der ungleiche Zugang zum Erwerb solcher reproduziert eine ungleiche Einkommensverteilung, die eine breite Streuung des Einkommens verhindert. Eine solche breite Streuung ist jedoch eine Voraussetzung, um einen annähernd gleichen Bildungsstandard und damit Chancengleichheit beim Zugang zur Erwerbstätigkeit zu ermöglichen. Von allen Bedürfnissen einer Gesellschaft werden vom Teilsystem Wirtschaft also nur die in Tauschwerten erfassbaren und durch Kaufkraft fundierten Bedürfnisse von Wirtschaftssubjekten befriedigt. Alle anderen bleiben unberücksichtigt.

Weiterhin wird vom liberalen Marktmodell übersehen, dass die überwiegend über Kaufverträge interagierenden Marktteilnehmer ihr wirtschaftliches Handeln, das Kosten und Nutzen verursacht, nicht nur auf sich selbst beschränken (können), sondern unbeteiligte Dritte mehr oder weniger stark tangieren (sog. *externe Effekte*). Die Handlungsfolgen der Marktteilnehmer sind eben (häufig) nicht auf diese beschränkt, sondern sie beeinträchtigen die Rechte und Freiheiten anderer. Wer keine marktlichen und damit verbundene vertraglichen Austauschbeziehungen eingegangen ist, wie dies bei unbeteiligten aber betroffenen Externen der

Fall ist, hat auch keine vertraglichen Ansprüche, etwa an die umweltverschmutzende Unternehmung. Es bleiben öffentlich- und zivilrechtliche Ansprüche, vor allem aus der Verschuldungs- und Gefährdungshaftung der Produzenten.
Insofern darf es nicht verwundern, dass die vom privaten Austauschprozess (und dessen unintendierten negativen Konsequenzen) Ausgeschlossenen, aber nachhaltig (negativ) Betroffenen bei offensichtlichem Versagen der *Marktgesetze* entsprechende *staatliche Gesetze* fordern, etwa zum Umwelt- und Ressourcenschutz (Umweltrecht).
Dass Verstaatlichung des Eigentums an den Produktionsmitteln keine Lösung des Problems der Bewältigung negativer externer Effekte verspricht, zeigen die in diese Richtung vorangetriebenen, aber letztlich gescheiterten Versuche in sozialistischen Staaten (vgl. auch S. 31).

Marktunvollkommenheiten (z. B. Funktionsbeeinträchtigungen durch den Missbrauch der Macht marktbeherrschender Unternehmungen) und **Marktversagen** (z. B. bei Produktion und Export von Rüstungsgütern) sind Erscheinungsformen jeder Marktwirtschaft und erfordern eine Korrektur der unsichtbaren Hand bzw. des laissez faire durch die sichtbar steuernde Hand des Staates; dies jedoch nur im Rahmen des **Subsidiaritätsprinzips,** welches besagt, dass jeder Lebens- und Rechtskreis all diejenigen Aufgaben in eigener Verantwortung und Initiative leisten soll, die er ohne Beeinträchtigung legitimer Interessen Dritter effizient bewältigen kann. Der jeweils übergeordnete Lebens- und Rechtskreis soll nur dort eingreifen, wo der untergeordnete Kreis die betreffende Funktion im oben definierten Sinn nicht erfüllen kann oder will. Der Ökonom und Wirtschaftspolitiker *Karl Schiller* hat dies mit Bezug auf die Marktwirtschaft auf die einfache Formel reduziert: Wettbewerb soweit wie möglich, Planung soweit wie nötig.
Das Subsidiaritätsprinzip schützt die Rechte des kleineren Lebensbereichs (Subsystems) gegenüber dem übergeordneten System, das nicht befugt sein soll, nach Belieben Zuständigkeiten an sich zu ziehen oder in den untergeordneten Lebensbereich ausser im Falle des hilfreichen Beistands einzugreifen. Diese Ideen finden wir auf der Ebene der Unternehmung im Prinzip des *Management by Exception,* dem Eingreifen lediglich im Ausnahmefall, verwirklicht (vgl. S. 132).

d) Koordination von Arbeitgeber-Arbeitnehmer-Beziehungen

Während die Marktgesetze zur Regelung der Austauschprozesse zwischen Produzenten und Konsumenten mehr oder weniger gut funktionieren, stösst deren uneingeschränkte Anwendung auf die Austauschbeziehungen zwischen Arbeitgebern und Arbeitnehmern auf grosse Probleme. Hier trifft die marktwirtschaftliche Annahme einer Wahlfreiheit der Akteure und eines Marktgleichgewichts zwischen den Vertragsschliessenden *(Arbeitsvertrag)* – wenn überhaupt – nur auf wenige hochqualifizierte Arbeitnehmer zu. In aller Regel muss der vermögenslose Arbeitssuchende seine Arbeitskraft an den Eigentümer der Produktionsmittel bzw. dessen Agenten, das Management, verkaufen, und zwar zu Bedingungen (Tarifen), die seine Interessenvertretung (Gewerkschaften) mit den entsprechenden Arbeitgeberverbänden ohne Intervention des Staates *(Tarifautonomie)* ausgehandelt hat.

Das hochkomplexe System von Regeln und Normen, das die Interaktionen zwischen Kapital und Arbeit innerhalb einer Volkswirtschaft (aber auch Weltwirtschaft: Internationale Arbeitsbeziehungen) steuern, wird als **Industrielle Beziehungen** (Industrial Relations) oder kurz **Arbeitsbeziehungen** bezeichnet. Zur Beschreibung der Arbeitgeber-Arbeitnehmer-Beziehungen wird heute überwiegend das Begriffssystem von *Dunlop* (1958) zugrunde gelegt, und zwar vor allem wegen seiner didaktischen Qualitäten. Der amerikanische Labor Relations-Experte *John T. Dunlop* greift in seinen Analysen auf den Systemansatz von *Talcot Parsons* zurück. Seine Forschungsinteressen richten sich in Anlehnung an kybernetische Steuerungsprozesse auf die Stabilitätsbedingungen sozialer Systeme. Kategorien wie Interessengegensatz, Widerspruch und Konflikt, die für kapitalistische Wirtschaftssysteme typisch sind, haben folglich in seinem Kategoriensystem keinen Platz; dagegen dominieren Begriffe wie Gleichgewicht, Stabilität, Integration, Wertkonsens und Interessenausgleich. Dies gilt es bei den folgenden Ausführungen zu beachten; zu einer eher konflikttheoretischen Darstellung der Arbeitsbeziehungen vgl. *Müller-Jentsch* (1986).
Im Systemansatz *Dunlops* stellt das System industrieller Beziehungen neben dem ökonomischen und politischen ein Subsystem der Industriegesellschaft dar. Es beinhaltet vier Elementgruppen (vgl. Abb. 1.3):

1. Akteure
2. Kontextfaktoren
3. Regeln
4. Wertsystem

Zu 1. Zu den **Akteuren** zählen

- *Arbeitgeber* (einschl. Leitende Angestellte) und ihre Interessenvertreter (Arbeitgeberverbände, Unternehmerverbände)
- *Arbeitnehmer* und ihre Interessenvertreter (Gewerkschaften, Betriebsräte)

- *Staatliche Institutionen* (Arbeitsgesetzgebung und -rechtsprechung, Sozial- und Arbeitsmarktpolitik, Arbeitsverwaltung)

Zu 2. Die Interaktionen der Akteure finden in einer Umwelt statt, die durch drei miteinander in Beziehung stehende **Kontextfaktoren** geprägt wird:

- Technologische Ausstattung der Betriebe
- Markt- oder Planbeschränkungen, denen die Akteure unterworfen sind
- Art, Ort und Verteilung der Macht in der Gesellschaft

Zu 3. Zentrale Aufgabe der Akteure ist die Entwicklung von allseits akzeptablen **Regeln** (der Entscheidungsfindung, Konfliktlösung und Schlichtung), die das Handeln und die Beziehungen der Akteure untereinander steuern. Dies erfolgt auf den Ebenen:

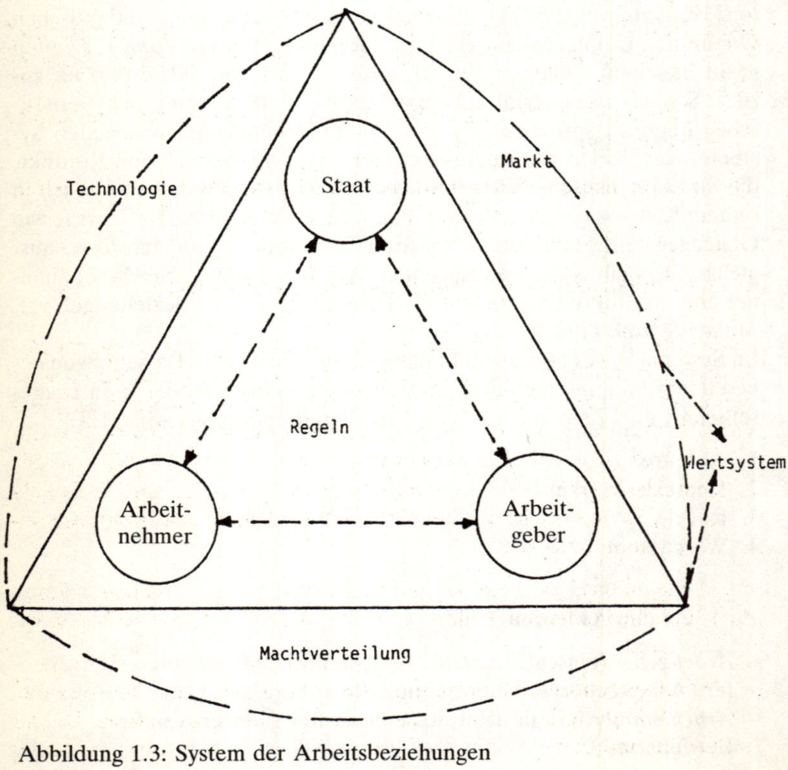

Abbildung 1.3: System der Arbeitsbeziehungen

- *Bund* (z. B. Mitbestimmungsgesetz)
- *Bezirk* (z. B. Tarifverträge)
- *Betrieb* (z. B. Betriebsvereinbarungen)

Zu 4. Das ganze System wird integriert und zusammengehalten durch ein übergreifendes **Wertsystem,** einen Satz an gemeinsamen Einstellungen, Werten und Ideologien. Zwar verfügt jeder Akteur über sein eigenes Wertsystem, aber die einzelnen Ideologien müssen hinreichend unter- und miteinander kompatibel sein, um die Bildung allseits annehmbarer Verhaltensregeln zu erlauben. Dieses übergreifende Wertsystem stellt in Deutschland die soziale Marktwirtschaft dar.
Zusammenfassend lassen sich folgende generelle Aussagen aus dem Systemkonzept von *Dunlop* ableiten:

- Innerhalb einer jeden Volkswirtschaft entwickelt sich ein System industrieller Beziehungen.
- Dieses System ist grundsätzlich konsistent mit den grundlegenden Institutionen der Gesellschaft.
- Mit fortschreitender Industrialisierung wird das System zunehmend *dreiseitig* und umfasst die Akteure Staat, Arbeitgeber und Arbeitnehmer.
- Innerhalb dieser dreiseitigen Beziehungsstruktur wird der *Staat* immer einflussreicher.

Diese letzte These wird ausführlicher im nächsten Abschnitt diskutiert.

5. Kapitalistische oder pluralistische Gesellschaft?

Die Zentralität des Problems der Produktion und Reproduktion der materiellen Grundlagen einer Gesellschaft und die Lösung dieses Problems durch privatwirtschaftlich organisierte Unternehmungen hat viele Gesellschaftskritiker dazu veranlasst, von einem **Primat der Wirtschaft** in der Gesellschaft zu reden. Die Verwertungsprinzipien des Kapitals – so die gängige These – würden zu Organisationsprinzipien der ganzen Gesellschaft; das ökonomische System präge den restlichen Gesellschaftsbereichen seinen Stempel auf.

Ein Blick auf das Verhalten der eingangs nur kurz angesprochenen Funktionsbereiche Politik und Kultur zeigt, dass dieser These einige Plausibilität zukommt.

Der **Staat** als zentraler Repräsentant des Politiksystems hat die Aufgabe, die Stabilität der Gesellschaft nach innen und aussen zu sichern. Da der finanzielle und damit weitgehend auch politische Aktionsspielraum des

Staates fast ausschliesslich von der Leistungsfähigkeit des Subsystems *Wirtschaft* abhängig ist (Steueraufkommen), zeigt er ein vitales Interesse an Sicherung und Wachstum dieses Funktionsbereiches. Die **Wirtschaftspolitik** steht im Mittelpunkt politischen Handelns. Erfolg oder Misserfolg auf diesem Gebiet ist ausschlaggebend für den Erfolg oder Misserfolg der Regierung.

Der Staat sichert darüber hinaus

- die Eigentumsordnung, Gewerbefreiheit, Vertragsfreiheit
- das Marktsystem (z. B. Kartellgesetz, Gesetz gegen den unlauteren Wettbewerb)
- die Reproduktionsvoraussetzungen (z. B. Schulsystem, Rohstoff- und Energieversorgung, Infrastruktur)
- strukturschwache Wirtschaftsbereiche (z. B. Landwirtschaft, Kohle und Stahl, Werften)

und mildert die für die Gesellschaft dysfunktionalen Folgen privatwirtschaftlicher Betätigung

- Arbeitslosigkeit, Frühinvalidität
- Umweltverschmutzung
- Marktverzerrungen
- Machtmissbrauch von Oligopolen.

Auch der Staat bedient sich zur effizienten Organisation und Führung verstärkt moderner Managementmethoden. Der Staat übt einmal selbst Managementaufgaben in öffentlichen Betrieben aus, zum anderen erfordert die Koordination der gesellschaftlichen Funktionsbereiche ein bereichsübergreifendes **Staatsmanagement.** Der Bundeskanzler und die Bundesminister als Top-Management sowie die Ministerpräsidenten der Länder und Landesminister als Bereichsmanager mit dem jeweils dahinterstehenden Verwaltungsapparat üben Managementfunktionen im Sinne dieser Abhandlung aus. Den drei Ebenen des Staates (Bund, Länder, Gemeinden) hat das Grundgesetz verschiedene politische Schwerpunkte zugewiesen. Der *Bund* hat vor allem übergreifende Aufgaben zu erfüllen. Ihm obliegt z. B. ein Grossteil der sozialen Sicherung, die Verteidigung, der Bau von Fernstrassen u. a.. Die *Länder* sind für das Bildungswesen zuständig, also vor allem für Schulen und Universitäten. Ausserdem müssen sie für den Polizei- und Justizapparat aufkommen. Die *Gemeinden* regeln – wie es im Grundgesetz heisst – alle Angelegenheiten der örtlichen Gemeinschaft. Ihre Tätigkeit erstreckt sich vor allem auf die Sozial- und Jugendhilfe, auf die Abwasser- und Müllbeseitigung, auf das Krankenhauswesen sowie auf Sport und Erholung. Damit die drei Ebenen des Staates diese Aufgaben auch aus eigener Verantwortung erfüllen können, stehen ihnen bestimmte eigene Steuereinnahmen und genau festgelegte Anteile an gemeinschaftlichen Steuern zu. In Folge der Grösse des Systems *Bundesrepublik Deutschland* sind direkte Interaktionen des Staats- und Bereichsmanagements mit den einzelnen Bürgern praktisch ausgeschlosssen. Zur Überbrückung dieser Distanz hat sich eine Vielzahl von Interessengruppen institutionalisiert, die meist in Form von **Verbänden** Einfluss auf das Staatsmanagement nehmen (z. B. über Lobbyismus, Bargaining). Dabei üben diese Verbände eine sehr wesentliche Regelungsfunktion zwischen konfligierenden Parteien aus und wirken damit entlastend für das Staatsmanagement. Das Arrangement des Staates mit den Interessengruppen (vor allem Arbeitgeber- und Arbeitnehmerverbänden) sieht so aus, dass als Gegenleistung für die Unterstützung, die die Verbände bei der Durchsetzung von (unpopulären) Managemententscheidungen leisten, diesen weitgehende Möglichkeiten der Entscheidungsteilhabe und damit der Machtkonsolidierung geboten werden.

Gerade das deutsche System der Arbeitsbeziehungen (**Industrial Relations**) erleichtert die Bemühungen des Staates, die Privatinteressen der dominierenden ökonomischen Gruppen mit dem Allgemeininteresse zu versöhnen und die Existenz und Funktionsweise von Wirtschaftsmacht, als im Sinne des Allgemeinwohls tätig, glaubhaft zu machen[8].
Im Funktionsbereich **Kultur** ist vor allem das gesellschaftliche Subsystem *Sozialisation* und *Qualifikation* als Lieferant für einsatzfähige Arbeitnehmer von grösster Bedeutung für die Leistungsfähigkeit der Wirtschaft, während andere kulturelle Bereiche wie Kunst, Sport, Unterhaltung – wenngleich nicht weniger vermarktet – eher der ‚Erholung' vom Arbeitsleben dienen sollen. Unter **Sozialisation** verstehe ich generell alle Prozesse des Aufbaus und der Veränderung von Verhalten (primär Aus- und Weiterbildung), die von einer gesellschaftlichen oder privaten Institution (Familie, Schule, Betrieb) initiiert und gesteuert werden.
In westlichen Industrienationen haben die Unternehmungen einen ganz erheblichen direkten (betriebliche Aus- und Weiterbildung) und indirekten Einfluss (Selektion, Personalwerbung, Konsum-Leitbilder) auf die Sozialisation der Arbeitnehmer und Konsumenten. Dieser Umstand veranlasst Kritiker zu unterschiedlichen Bewertungen; von dem Statement, die **Schule** bereite auf das Wirtschaftsleben vor, bis hin zu der Behauptung, durch unser Erziehungssystem werde die Gesellschaft zu einem Appendix der Betriebe, finden sich die unterschiedlichsten Einschätzungen. Unbestritten ist, dass aus der Sicht der Wirtschaft von der Schule herkömmlicherweise erwartet wurde, dass sie die zukünftigen Mitarbeiter

8 Dies zeigte sich ganz deutlich zu Zeiten der ‚Konzertierten Aktion'.

auf die dort überwiegend vorfindlichen restriktiven Arbeitssituationen mit minimalen Handlungsspielräumen vorbereiten sollte, wozu u. a. ein gehorsames Reagieren auf Anordnungen der Vorgesetzten gehört. In dieser Form der Sozialisation (Zurichtung) wurde die Schule noch von der militärischen Ausbildung unterstützt bzw. übertroffen (Schule der Nation). Im Zuge der allmählichen Demokratisierung aller Lebensbereiche (unter weitgehender Ausklammerung der Privatwirtschaft) und im Zuge eines *Wertwandels* (etwa von Pflicht- und Akzeptanzwerten zu Selbstentfaltungswerten) haben sich auch neue Sozialisationskonzepte durchgesetzt. In der Schule werden heute mehr demokratische, kommunikative Kooperationsformen eingeübt, und neben der Vermittlung technischer Kompetenz wird verstärkt Wert auf soziale Kompetenz, Kritikfähigkeit und Fähigkeit zur Selbst- und Mitbestimmung gelegt. Diese positiven Entwicklungen dürfen jedoch nicht darüber hinwegtäuschen, dass bei Verschlechterung der Wirtschaftslage sich der Konkurrenzkampf um immer weniger Arbeitsplätze (Jugendarbeitslosigkeit) und Studienplätze in den Schulen und Hochschulen (numerus clausus) verschärft und kooperativ-solidarisches Handeln immer seltener anzutreffen ist. Hier zeigt sich deutlich, wie die allgemeine konjunkturelle Lage (Funktionsbereich *Wirtschaft*) unmittelbar den Funktionsbereich *Sozialisation* beeinflusst.
Unabhängig von diesen zyklischen Veränderungen der Wirtschaft lässt sich dennoch in den letzten 30 Jahren eine Entwicklung zu mehr Demokratie im Ausbildungsbereich erkennen.
Diese Veränderungen in der Sozialisation von zukünftigen Arbeitskräften veranlassen auch die arbeitgebenden Organisationen zu einer Revision ihres Menschenbildes und zu einer Reorganisation von Arbeitssituationen und zwar dahingehend, dass in manchen Fällen Arbeit anspruchsvoller und abwechslungsreicher wird, und eher die Möglichkeit zu sozialen Kontakten, zur Mitbestimmung und generell zum permanenten Lernen gegeben ist.
Zusammenfassend zum Problem *Kapitalismus* oder *Pluralismus* lässt sich festhalten, dass heute keineswegs von einer monokausalen Abhängigkeit aller gesellschaftlichen Bereiche von dem ökonomischen gesprochen werden kann. Wir haben es mit einer Vielzahl funktional aufeinander bezogener interdependenter Gesellschaftsbereiche zu tun, wobei dem ökonomischen aber durchaus eine Schlüsselstellung zukommt. Wenngleich auch der **Staat** nach wie vor im Interesse der Wirtschaft handelt, kann doch keineswegs von einem staatsmonopolistischen Kapitalismus[9] ge-

9 Die Stamokap-These besagt, dass der kapitalistische Staat letztlich durch Monopole (Konzerne, Grossbanken) beherrscht wird und diese seinerseits finanziert und steuerlich schont. Staat und Monopole gehen danach eine Allianz ein mit dem Ergebnis, dass das gesamte gesellschaftliche Leben den Interessen des Monopolkapitalismus unterworfen wird.

sprochen werden. Staatliches Handeln weist jedoch einen stark reaktiven, auf die Erfordernisse der Marktwirtschaft orientierten Charakter auf. Es ist eher darauf gerichtet, privatwirtschaftlich induzierte Krisen zu bewältigen, als sich auf die Befriedigung kollektiver Bedürfnisse zu konzentrieren. Versteht sich der Staat als gesellschaftlicher Repräsentant, muss er auch für die Stabilität der kapitalistischen Gesellschaft insgesamt Sorge tragen, also auch für die Reproduktion der Arbeitskraft. Er gerät hierbei in den Konflikt zwischen Kapitalverwertung und Bedürfnisbefriedigung.

Wenngleich auch **Schulen** und Hochschulen nach wie vor im Interesse der zukünftigen Arbeitgeber ausbilden, kann doch keineswegs von einer einseitigen Abhängigkeit von der Wirtschaft gesprochen werden. Gerade in jüngerer Zeit lassen sich Tendenzen erkennen, die einer solchen einseitigen Abhängigkeit entgegenwirken. Die *Neue Linke* war mit dem Anspruch angetreten, über die gesellschaftlichen Sozialisationsinstanzen die kapitalistische Gesellschaft zu verändern. Neben den mehr (Gewerkschaften) und weniger (Verbraucherverbände) etablierten Institutionen der Gegenmacht treten laufend neue hinzu: Bürgerinitiativen aller Schattierungen, Grüne, Umweltschützer, Kernkraftgegner usw.. Dennoch kann m. E. von einer wirklich pluralistischen Gesellschaft nicht die Rede sein, solange die Machtverteilung zwischen den konkurrierenden Interessengruppen asymmetrisch ist, d. h. einzelnen Gruppen wie den Kapitaleignern, deren Repräsentanten und Lobbyisten ein Übergewicht zukommt.

Diese Betrachtung auf gesamtgesellschaftlicher Ebene lässt sich durch eine ebensolche auf betrieblicher bzw. Unternehmungsebene ergänzen. Auch hier wird behauptet, die Unternehmung erfülle heute die vielfältigsten Aufgaben und diene unterschiedlichsten **Interessengruppen** (Konsumenten, Arbeitnehmer, Lieferanten, Gesellschaftern, Staat usw.), so dass eine Reduktion auf den Interessengegensatz Kapital/Arbeit unzeitgemäss sei. Dies ist lediglich formal richtig; von einer faktisch pluralistischen Unternehmung und entsprechend pluralistischen Unternehmungsverfassung sind wir jedoch noch weit entfernt. Neben den Entscheidungsbefugnissen der Anteilseigner und Unternehmer nehmen sich die Mitwirkungsrechte der Arbeitnehmervertreter recht bescheiden aus, obwohl doch vielfach existenzielle Bedürfnisse der Arbeitnehmer auf dem Spiel stehen.

Arbeitnehmerinteressen manifestieren sich einmal auf *betrieblicher* Ebene als Interesse an

- Arbeitsplatzsicherheit
- Sicherung und Steigerung der Einkommen

– humaner Gestaltung der Arbeit und Arbeitsbedingungen
– Sicherheit am Arbeitsplatz

sowie auf *gesamtgesellschaftlicher* Ebene als Interesse an

– freier Wahl des Arbeitsplatzes
– bedürfnisgerechter Planung von Investition und Beschäftigung
– bedürfnisgerechter Versorgung mit privaten und öffentlichen Gütern
– gerechter Einkommens- und Vermögensverteilung.

Da diese Interessen in einer kapitalistischen Wirtschaftsordnung mehr oder weniger mit den Zielen gewinnorientierter Leistungserstellung und -verwertung kollidieren, wird bei grundsätzlicher Akzeptanz der Berechtigung obiger Forderungen **Mitbestimmung** notwendig. Diese ist jedoch gerade bei wirtschaftlichen Angelegenheiten am geringsten.

Neben Kapitalgebern und Mitarbeitern formulieren noch weitere Interessengruppen Ansprüche an die Unternehmung. Im Zuge des Aufkommens neuer Anforderungen an unternehmerisches Handeln wurde das Konzept der Unternehmung als Adressat unterschiedlicher Interessengruppen, als einer Koalition von Organisationsteilnehmern, immer mehr von seiner Beschränkung auf *interne* Teilnehmer (Eigentümer, Arbeitnehmer) befreit und auf *externe* Teilnehmer und deren Ansprüche an die Unternehmung erweitert. Diese sind u. a. die Käufer, die Lieferanten, die Kommune, der Staat. Diese Liste stellt jedoch keineswegs eine Aufzählung von gleichen, lediglich miteinander konkurrierenden Interessengruppen dar, sondern wir haben es mit einer eindeutigen Hierarchisierung der Interessengruppen zu tun, mit den Lieferanten von Fremd- (z. B. Banken) und Eigenkapital (z. B. Gesellschafter) an der Spitze. Dem **Management** im Dienste der Kapitaleigner kommt hier die schwierige Aufgabe zu, alle Interessenlagen bei den Entscheidungen zu berücksichtigen, ohne das zentrale Ziel der Gewinnerzielung aus dem Auge zu verlieren. Welche Entscheidungen konkret anfallen und welche Art Arbeit Management eigentlich umfasst, wird im folgenden Kapitel behandelt.

Literaturhinweise

Zu 1: **Gesellschaftliche Funktionen und Institutionen**

Berger, P. L./Luckmann, Th., Die gesellschaftliche Konstruktion der Wirklichkeit – Eine Theorie der Wissenssoziologie, 7. Aufl., Frankfurt/M. 1990
Eder, K., Die Entstehung staatlich organisierter Gesellschaften, Frankfurt/M. 1980

Habermas, J., Legitimationsprobleme im Spätkapitalismus, Frankfurt/M. 1973

Parsons, T., Structure and Process in Modern Societies, New York 1960

Weber, M., Wirtschaft und Gesellschaft, 5. Aufl., Tübingen 1972

Zu 2: **Egoismus und Liberalismus**

Chandler, A. D., The Visible Hand – The Managerial Revolution in American Business, Cambridge, Mass./London 1977

Deters, J., Mensch und Betriebswirtschaftslehre, Stuttgart 1990

Schauenberg, B. (Hrsg.), Wirtschaftsethik, Schnittstellen von Ökonomie und Wissenschaftstheorie, Wiesbaden 1991

Steinmann, H./Löhr, A. (Hrsg.), Unternehmensethik, 2. Aufl., Stuttgart 1991

Ulrich, P., Transformation der ökonomischen Vernunft, Bern etc. 1986

Zu 3: **Betriebe und Unternehmungen**

Altmann, N./Bechtle, G., Betriebliche Herrschaftsstruktur und industrielle Gesellschaft, München 1971

Bosetzky, H./Heinrich, P., Mensch und Organisation, 4. Aufl. Köln etc. 1989

Gutenberg, E., Grundlagen der Betriebswirtschaftslehre, Bd. I: Die Produktion, 1. Aufl. 1951, 24. Aufl. Berlin etc. 1983

Herkommer, S./Bierbaum, H., Industriesoziologie, Stuttgart 1979

Luhmann, N., Zweckbegriff und Systemrationalität, Tübingen 1968

Zu 4: **Rechts- und Wirtschaftsordnung**

Bea, F. X./Dichtl, E./Schweitzer, M. (Hrsg.), Allgemeine Betriebswirtschaftslehre, Bd. 1: Grundfragen, 4. Aufl. Stuttgart/New York 1988

Dunlop, J. T., Industrial Relations Systems, New York 1958

Endruweit, G./Gaugler, E./Staehle, W. H./Wilpert, B. (Hrsg.), Handbuch der Arbeitsbeziehungen, Berlin/New York 1985

Habermas, J., Legitimationsprobleme im Spätkapitalismus, Frankfurt/M. 1973

Jaeggi, U., Kapital und Arbeit in der Bundesrepublik: Elemente einer gesamtgesellschaftlichen Analyse, Frankfurt/M., 17. Aufl. 1979

Keller, B., Einführung in die Arbeitspolitik, München/Wien 1991

Littek, W., Industriearbeit und Gesellschaftsstruktur, 2. Aufl., Frankfurt/M. 1975

Müller-Jentsch, W., Soziologie industrieller Beziehungen, Frankfurt/New York 1986

Williamson, O. E., The Economic Institutions of Capitalism: Firms, Markets, Relational Contracting, New York 1985

Zu 5: **Kapitalistische oder pluralistische Gesellschaft?**

Bowles, S./Gintis, H., Pädagogik und Widersprüche der Ökonomie – Das Beispiel USA, Frankfurt/M. 1976

Baethge, M., Ausbildung und Herrschaft: Unternehmerinteressen in der Bildungspolitik, 6. Aufl., Frankfurt/M. 1976

Chmielewicz, K., Arbeitnehmerinteressen und Kapitalismuskritik in der Betriebswirtschaftslehre, Reinbek bei Hamburg 1975
Leipold, H., Wirtschafts- und Gesellschaftssysteme im Vergleich, 3. Aufl. Stuttgart 1981
Müller-Armack, A., Wirtschaftsordnung und Wirtschaftspolitik, Bern/Stuttgart 1966
Staehle, W. H./Stoll, E., Betriebswirtschaftslehre und ökonomische Krise, Wiesbaden 1984
Tuchtfeldt, E. (Hrsg.), Soziale Marktwirtschaft im Wandel, Bern/Stuttgart 1973

Kapitel II: Funktionen der Unternehmung

1. Ökonomische Funktionen und gesellschaftliche Verantwortung der Unternehmung

In ökonomischen Theorien der Unternehmung ist die Unternehmung eine Institution, in der Menschen unter Zuhilfenahme von weiteren Ressourcen (inputs) ein Gut oder eine Dienstleistung (output) erstellen. Unabhängig von der Grösse (Ein-Mann-Unternehmung oder multinationaler Konzern) geht es um die Umwandlung von Inputs in Outputs. **Inputs** verursachen betriebswirtschaftliche, also von der Unternehmung zu tragende Kosten, **Outputs** schaffen Umsatzerlöse und sog. soziale, also von der Gesellschaft zu tragende Kosten.
Eine Unternehmung verhält sich *gewinnmaximierend,* d. h. sie strebt nach einem maximalen Überschuss der Erlöse über die Kosten. Zu diesem Zweck sucht das Management nach Möglichkeiten einer Reduzierung der *betrieblichen* zu Lasten der *sozialen* Kosten (Externalisierung); während die Gewinne privatisiert werden, sollen (drohende) Verluste möglichst vergesellschaftet werden. Nach neoklassischer Theorie wird bei dieser unternehmerischen Verhaltensweise eine optimale Allokation der Ressourcen und damit angeblich gesamtgesellschaftliche Wohlfahrt erreicht. De facto rechtfertigt sie aber auch Ressourcenvergeudung, da aufgrund der Möglichkeit einer **Externalisierung** bestimmter Kosten und der Chance einer Nutzung von für die Unternehmung z. T. kostenlosen Inputgütern keine verursachungsgerechte Ressourcenbewertung erfolgt.
Rechtlich gesehen ist eine Unternehmung (Gesellschaft) eine Institution, in der ein Arbeitgeber (Eigentümer, Unternehmer) mindestens einen Arbeitnehmer beschäftigt. Der Eigentümerunternehmer bezieht für die **Übernahme des Risikos** des Ausbleibens zumindest kostendeckender Erlöse aus Erstellung und Verkauf eines Outputs bei vertraglich festgelegten Kosten des Inputs (z. B. Zinsen, Löhne) eine Risikoprämie, den Unternehmerlohn. Wenn der Unternehmer den Arbeitnehmern feste Löhne (Kontrakteinkommen), den Gläubigern feste Zinsen usw. garantiert, als einziger somit Risiko eingeht, muss er auch allein über Einsatz und Verwertung des Inputs entscheiden dürfen. Ihm stehen folgende **Verfügungsrechte** zu:

- Nutzungsrechte an einem Gut
- Recht auf Veränderung von Form und Substanz eines Gutes
- Recht auf Aneignung des Erfolgs (Residualeinkommen)
- Recht auf Veräusserung des Gutes.

Bei Eigentümerunternehmungen mit monistischer Unternehmungsverfassung stehen alle vier Verfügungsrechte dem Eigentümer (Unternehmer) zu. Mit zunehmender Grösse (Wachstum) der Unternehmungen hat sich jedoch empirisch nachweisbar eine Loslösung von Teilen der Verfügungsrechte (speziell der Kontrollrechte: Nutzung und Veränderung) vom Eigentümer eingestellt (sog. Verdünnung von Verfügungsrechten der Eigentümer). Als erste haben auf dieses als *managerial revolution* bezeichnete Phänomene *Berle* und *Means* (1932) in den USA hingewiesen. Im Zuge der Gründung von Aktiengesellschaften und der immer breiteren Streuung von Aktieneigentum emanzipierten sich die Manager von der vormals engen Überwachung und Kontrolle der Eigentümer, denen letztlich nur noch die Verfügungsrechte Aneignung und Veräusserung blieben. Diese Entwicklung einer **Trennung von Eigentum und Verfügungsmacht** hat sich seit dem ersten empirischen Nachweis in den 30er Jahren noch weiter fortgesetzt. Der Manager ist Agent des Prinzipals ‚Eigentümer' und handelt in dessen Auftrag und an dessen Stelle.
So konnte sich in der klassisch liberalen und neoliberalen Staats- und Wirtschaftsordnung der **Privatunternehmer** lange Zeit als relativ autonom handelndes Wirtschaftssubjekt begreifen. Auch der von ihm angestellte Manager sah seine einzige Verantwortung dem Eigentümer (Aktionär) gegenüber, und das bedeutete, nachhaltige Gewinne zu erwirtschaften. Zu einer Berücksichtigung von Interessen neben denjenigen der Eigentümer – und im Zuge der Mitbestimmung derjenigen von Arbeitnehmern – bei der Formulierung und Durchsetzung der Unternehmungsziele sowie zu einer Berücksichtigung etwa von Umweltschutzinteressen bestand kein Anlass. Diese Auffassung wird z. T. noch heute vertreten. So äussern Neoliberale als Antwort auf die Forderung nach gesellschaftlicher und ökologischer Verantwortung der Geschäftswelt die Auffassung, dass die Ausübung sozialer Verantwortung des Managements zu einer Vernachlässigung seiner eigentlichen markt- und gewinnbezogenen Aufgaben verleiten könnte.

In den letzten Jahrzehnten hat sich allerdings das gesellschaftliche Umfeld, in dem die moderne **Grossunternehmung** agiert, erheblich gewandelt. Die Tatsache, dass die grossen Wirtschaftsorganisationen für die meisten (wenn nicht alle) Fehlentwicklungen und Probleme in den westlichen Industrienationen verantwortlich gemacht werden, führt dazu, dass im Sinne des Verursacherprinzips eine Fülle von Auflagen, neuen Anforderungen und Ansprüchen an sie herangetragen werden. Diese sind neben der ‚klassischen' **Verantwortung** gegenüber *Eigentümern* und *Gläubigern* u. a.:

- Verantwortung gegenüber dem *Verbraucher* (bessere Aufklärung und Beratung; verbesserte Garantieleistungen; keine schädlichen Produktauswirkungen)
- Verantwortung gegenüber den *Arbeitnehmern* (Ausbildung, Umschulung, Beschäftigung von Arbeitslosen, Jugendlichen, Behinderten, keine Benachteiligung von Gastarbeitern, Vorbestraften)
- Verantwortung gegenüber der *Region* (Bereitstellung von Transportmöglichkeiten; Neubau und Sanierung von Stadtteilen; Bereitstellung von Erholungsgebieten)
- Verantwortung gegenüber der *Gesellschaft* (umweltfreundliche Beschaffungs-, Produktions- und Vertriebssysteme, Vermeidung von Luft- und Wasserverschmutzung sowie von Lärmbelästigung, Recycling von Abfallprodukten, Verantwortung für neue Technologien und deren Folgen, bessere und rechtzeitige Information der Öffentlichkeit über die strategischen Absichten der Unternehmung).

Der Einsatz von Kapital und Arbeit in Unternehmungen zum Zwecke der Leistungserstellung und -verwertung wird nicht mehr als die Privatangelegenheit einiger weniger Kapitaleigner und Manager angesehen, sondern aufgrund der dabei ausgeübten wirtschaftlichen, sozialen und politischen Macht als ein *quasi-öffentlicher* Vorgang.

Während Fragen der internen Verantwortlichkeit gegenüber den Mitbestimmungsträgern und der externen Verantwortlichkeit gegenüber Eigentümern und Gläubigern seit Jahrzehnten Gegenstand betriebswirtschaftlicher Forschung und unternehmerischer Kalküle sind, finden Forderungen nach einer **ökologischen Verantwortlichkeit** erst in jüngerer Zeit die Aufmerksamkeit von Forschung und Praxis. Allenthalben wird eine ökologische Unternehmungspolitik oder umweltorientierte Unternehmungsführung gefordert und in ersten Ansätzen praktiziert.

2. Betrieblicher Ressourceneinsatz

So, wie in einer Gesellschaft als einem Makrosystem bestimmte Funktionsbereiche unterschieden werden, müssen auch in einem Mikrosystem, wie dem Betrieb oder der Unternehmung, gewisse materielle Mindestfunktionen erfüllt werden, damit eine planvolle Leistungserstellung und -verwertung gewährleistet ist. Dies sind vor allem folgende:

- *Output-Funktionen* (z. B. Absatz)
- *Transformations-Funktionen* (z. B. Produktion)

– *Input-Funktionen* (z. B Beschaffung)
– *Management-Funktionen* (z. B. Führung)

Die folgenden Ausführungen beziehen sich in erster Linie auf die Unternehmung als den vorherrschenden Betriebstyp der kapitalistischen Wirtschaftsordnung, haben aber – wie weiter oben angedeutet – auch weitgehend Gültigkeit für öffentliche Betriebe und solche in Ländern des realen Sozialismus.

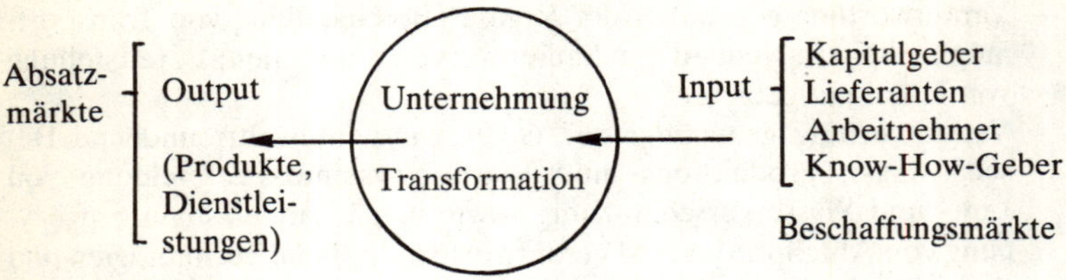

Abbildung 2.1: Output- und Inputfunktion

Entsprechend der generellen Marktorientierung moderner Unternehmungsführung, wonach sich die Sachzielbestimmung an den Marktverhältnissen (Marktchancen) auszurichten hat, kommt der **Output-Funktion** heute die höchste Priorität innerhalb der materiellen Funktionsbereiche zu. Danach bestimmen die Outputbedingungen (Absatzplanung) die Transformations- (Produktionsplanung) und Input-Erfordernisse (Beschaffungsplanung). Diese neue Denkweise, vom Output zum Input hin, stellt das Ergebnis eines tiefgreifenden Umdenkungsprozesses der Unternehmungen dar, zu dem sie Ende der fünfziger Jahre aufgrund der veränderten Marktgegebenheiten (Übergang vom Verkäufer- zum Käufermarkt) gezwungen wurden[1]. Bis dahin wurde die Produktion zum Ausgangspunkt genommen, d. h. alles, was beschafft und produziert werden konnte, wurde auch als verkäuflich angesehen. **Marketing** als Inbegriff aller Massnahmen zur Sicherung und Ausweitung bestehender und Schaffung neuer Märkte, u. a. durch Entdecken neuer Probleme und Wecken neuer Bedürfnisse, für die dann die Unternehmung eine Lösung anbietet, trat an die Stelle der ursprünglichen Mangelbewältigung.

1 Schwerwiegende Absatzprobleme traten zwar schon während der Weltwirtschaftskrise nach dem Ersten Weltkrieg auf; diese Probleme führten aber wegen ihrer fehlenden theoretischen und praktischen Aufarbeitung noch nicht zu dem Marketingdenken, wie es sich erst nach dem Zweiten Weltkrieg in den USA im Zuge erneuter Absatzkrisen herausbildete und wie es zehn Jahre später in West-Europa rezipiert wurde.
Vgl. hierzu ausführlicher das Kapitel VI, 2 Marketingmanagement.

Art der Ressourcen	Eigentümer/ Besitzer	Von der Unternehmung gebotene Anreize
Kapital	Kapitaleigner, Kreditgeber	Dividende, Gewinnanteil, Zins
Arbeit	Arbeitnehmer	Lohn, sicherer Arbeitsplatz immaterielle Anreize
Werkstoffe, Betriebsmittel	Lieferanten	Geld
Geld	Kunden	Produkte, Dienstleistungen
Rechtssicherheit, Infrastruktur, Ausbildung usw.	Staat	Steuern

Abbildung 2.2: Ressourcen als Input der Unternehmung

Ausgangspunkt jeglicher Sachzielplanung einer Unternehmung sind also die sich am **Absatzmarkt** abzeichnenden Chancen und Risiken. Produkte oder Dienstleistungen, die als Mittel zur Formalzielerreichung (Gewinn) dienen können, bezeichne ich als den **Output**[2] der Unternehmung. Zum Output zählen aber auch – wie schon weiter oben angedeutet – alle im Zusammenhang mit der Transformation anfallenden Umweltbelastungen.

Diese Ziele können nur erreicht werden, wenn es der Unternehmung gelingt, alle zur erfolgreichen Leistungserstellung und -verwertung notwendigen **Ressourcen** zu beschaffen, zu erhalten und gegebenenfalls weiterzuentwickeln. Hierzu muss die Unternehmung entsprechende Anreize bereitstellen, die die Besitzer/Eigentümer von Ressourcen veranlassen, sie der Unternehmung zu bestimmten Konditionen zur Verfügung zu stellen. Ressourcen werden im folgenden als **Input** bezeichnet, der im Zuge von noch genauer zu analysierenden Transformationsprozessen zur Erstellung des geplanten Outputs erforderlich ist (vgl. Abb. 2.2).

2 Andere Ströme, die ebenso wie die Produkte die Unternehmung verlassen, wie etwa Steuern, Gewinne, Zinsen, Löhne, werden von mir nicht als Output, sondern als Entgelt für Input bezeichnet.

Eine Unternehmung muss also darauf achten, dass sie jederzeit in der Lage ist, über den zu Produktion und Vertrieb von Output erforderlichen Input in der gewünschten Quantität, Qualität, am rechten Ort und zur rechten Zeit verfügen zu können, d. h. rechtlich zumindest in dessen Besitz zu sein. Empfinden die Eigentümer/Besitzer von Ressourcen, dass ihr Beitrag zum Erhalt der Unternehmung nicht der Art und Höhe der von dieser gebotenen Anreizen entspricht, werden sie ihre Teilnahmeentscheidungen zunächst in Frage stellen und bei unverändertem Ungleichgewicht und bei Existenz von Alternativen schliesslich gänzlich rückgängig machen.

In der klassischen *Anreiz-Beitrags-Theorie* besteht die Macht des Ressourcengebers darin, die Unternehmung zu verlassen bzw. in der Androhung dieses Schrittes und/oder in der Reduzierung von Beiträgen. Im Fall einer flächendeckenden Umweltbelastung führt die Entscheidung etwa eines einzelnen Kunden, nicht mehr bei einer bestimmten Unternehmung zu kaufen, nicht zur Beendigung der Betroffenheit durch diese Unternehmung. Es müssen andere Formen des Widerstands gefunden werden, um Einfluss wirksam ausüben zu können. Dies ist in aller Regel nur durch solidarischen Zusammenschluss (etwa Boykottmassnahmen) und Bildung von externen Koalitionen zwischen den Betroffenen möglich. In Kenntnis dieses Drohpotentials wird die aufgeklärte Unternehmung eine kooperativ/problemorientierte Strategie wählen (im Gegensatz zu einer individualistisch/widerstandsorientierten) und auf langfristig gute Beziehungen zu *allen* Ressourcengebern Wert legen. Sie wird auf kurzfristige Gewinnchancen verzichten, und zwar zugunsten langfristig gesicherter Ertragspotentiale.

Im Zentrum der internen Betriebsfunktionen steht die **Transformation.**[3]

In einem Betrieb muss eine Vielzahl von Transformationen an den Inputs durchgeführt werden, um den Output in der gewünschten Quantität und Qualität zu erbringen. Unmittelbar einleuchtend ist, dass etwa in einem **Industriebetrieb** Rohstoffe bzw. Halbfabrikate unter Verwendung von Betriebsmitteln und Arbeit in einen neuen Zustand transformiert werden (z. B. Eisenerz → Stahl → Nägel, Draht), der als Output am Markt veräusserbar ist.

Neben diesem *technischen* Transformationsprozess laufen in einem solchen Betrieb jedoch noch viele andere Prozesse ab. So müssen z. B. neu eintretende Mitarbeiter (erstmals als Auszubildende, später als Einzuarbeitende und Weiterzubildende) einem Personalentwicklungsprozess,

3 Vgl. hierzu ausführlicher das Kapitel VI, 6 Produktionsmanagement.

also einem *personalen* Transformationsprozess[4], unterworfen werden. Der Output der vom Staat in seiner Regie betriebenen Schulen wird zum Input der Unternehmung, wobei die mitgebrachte Qualifikation (z. B. Hauptschulabschluss, Hochschulabschluss) in aller Regel nicht zum sofortigen produktiven Einsatz befähigt (was auch nicht Ziel der schulischen Ausbildung sein sollte).

Weiterhin muss der Zeitraum zwischen Zahlungseingang von Forderungen gegenüber den Abnehmern des Outputs und den Verbindlichkeiten gegenüber den Input-Gebern finanziell überbrückt werden. Hier werden *finanzielle* Transformationsprozesse[5] notwendig, im Zuge derer Aktiva unterschiedlicher Bindungsstärke und Passiva unterschiedlicher Fristigkeit umgeschichtet bzw. neu zugeführt werden. In einer Art Metadimension werden noch *informationelle* Transformationsprozesse[6] notwendig, denn für alle bisher genannten drei Transformationen sind Informationen erforderlich, die ebenfalls beschafft, verarbeitet, aufbereitet und an die entsprechenden Entscheidungsträger kommuniziert werden müssen.

In einem Betrieb kommt allerdings nicht allen beschriebenen Transformationsprozessen die gleiche Bedeutung zu, obwohl immer alle in mehr oder weniger starker Ausprägung vorhanden sind. Das Sachziel bestimmt den Output und damit den *dominanten* Transformationsprozess. So dominiert z. B. in einem Industriebetrieb der technische, in einer Weiterbildungsinstitution der personale, in einer Bank der finanzielle, in einem Marktforschungsinstitut der informationelle Transformationsprozess. In einem Automobilwerk dominiert z. B. der technische Transformationsprozess, aber es laufen auch finanzielle, personale und informationelle Prozesse ab. Nur haben sie in einer solchen Unternehmung Servicefunktion gegenüber dem dominanten Prozess.

Die grosse Bedeutung der Transformationsprozesse im Betrieb, vor allem des technischen, wird auch noch aus einer anderen Beobachtung heraus verständlich. In aller Regel ist in den technischen Transformationsprozessen der grösste Prozentsatz (pro Kopf) des investierten Kapitals gebunden, das ja rentabel arbeiten soll. Insofern ist auch einsichtig, warum der **Produktionsbereich** seit Anbeginn der Management- und Organisationslehre im Mittelpunkt produktivitäts- und wirtschaftlichkeitssteigernder Massnahmen steht (Rationalisierung durch Mechanisierung und Automatisierung, d. h. Substitution teurer Arbeitskraft durch relativ billiges Kapital). Erst in den letzten zehn Jahren ist ein neues wichtiges

4 Vgl. hierzu ausführlicher das Kapitel VI, 5 Personalmanagement.
5 Vgl. hierzu ausführlicher das Kapitel VI, 4 Finanzmanagement.
6 Vgl. hierzu ausführlicher das Kapitel VI, 7 Informationsmanagement.

Betätigungsfeld hinzugekommen, der **Verwaltungsbereich,** in dem informationelle Transformationen dominieren. Seit Jahrzehnten lag die Produktivitätsentwicklung im Verwaltungsbereich weit unter der im Produktionsbereich. Mit der Einführung der elektronischen Datenverarbeitung wurden die grundlegenden Voraussetzungen dafür geschaffen, Büroarbeit zu mechanisieren, zu automatisieren und insgesamt effizienter zu gestalten. Neue, im Preis-Leistungsverhältnis günstigere Büro- und Kommunikationstechnologien (z. B. Personal Computer, Telefax, Telekonferenz) beschleunigen diese Entwicklung.

Das ökonomische Ziel (Gewinnerzielung, Kostendeckung) fordert nun, dass alle diese Transformationsprozesse möglichst wirtschaftlich und rentabel ablaufen. Dabei kommt der Produktion als Wertbildungsprozess zentrale Bedeutung zu (*wertmässige* Transformation). Nach Auffassung der **Arbeitswertlehre** wird im Produktionsprozess durch den produktiven Einsatz der Ware *Arbeitskraft* Geld in mehr Geld (Mehrwert) transformiert:

Geldkapital		produktives Kapital		Warenkapital
Input Geld (G)	⟶	Transformation Ware (W)	⟶	Output Geld plus Geldzuwachs (G′ = G + g)

Keine andere Ware ausser der Arbeitskraft verfügt nach dieser Auffassung über die Eigenschaft, ihrem Käufer (dem Unternehmer bzw. Top-Management) **Mehrwert** einzubringen. Andere Einkommensarten wie Zinsen, Renten entstehen nicht aufgrund einer Arbeitsleistung, sondern primär aufgrund eines Besitztitels. Mehrwert entsteht im Produktionsprozess, wenn im Verlauf dieses Prozesses mehr Wert geschaffen wird, als der Wert der im Lohn vergüteten Arbeitskraft ausmacht. Dieser Wert (Lohn) bemisst sich, wie der anderer Waren, nach dem Wert der Waren, die zur Herstellung bzw. Reproduktion der Arbeitskraft notwendig sind. Der Wert der Waren, die zum Erhalt der Arbeitskraft auf einem bestimmten Niveau erforderlich sind, ist in unterschiedlichen Situationen (z. B. Existenz von Gewerkschaften) und Entwicklungsstadien einer Gesellschaft unterschiedlich hoch.
Anders ausgedrückt, ergibt sich, aus welchen Gründen auch immer (rationeller Arbeitseinsatz, Arbeitsintensivierung, Arbeitsmotivation), zwischen dem bezahlten Input an Arbeitskraft und dem am Markt verwertbaren Arbeitsergebnis eine positive Differenz, dann entsteht ein Mehrwert, der den Kapitaleignern nach Abzügen, wie Steuern, zusteht. Auf-

fassungen, wie Geld oder Kapital „arbeite“ von selbst, oder, Werte entstünden im Markt während des Tauschvorgangs, sind demnach irrig; hier handelt es sich allenfalls um Bewertungs- und nicht um Wertentstehungsvorgänge.

Folgt man dieser Auffassung, muss der **Arbeit**, in ausführender und dispositiver Form, ein ganz anderer Stellenwert zuerkannt werden, als dies in herkömmlichen Ökonomie-Lehrbüchern der Fall ist, nämlich der des zentralen, Werte schaffenden Faktors.

Neben dem technischen, dem finanziellen und dem informationellen Transformationsprozess geht es demnach vor allem darum, Arbeitskraft (als Arbeitsvermögen) in tatsächlich verausgabte, konkrete Arbeit (als Tätigkeit und Ergebnis) zu transformieren.
Das Besondere an der kapitalistischen Produktion ist, dass **Arbeitskraft** gekauft und verkauft wird. Der Arbeiter verkauft Arbeitskraft, weil er keine andere Möglichkeit hat, seinen Lebensunterhalt zu verdienen. Der Unternehmer kauft Arbeitskraft, um über den Umweg der Produktion und Distribution sein Kapital zu mehren. Entscheidend ist in diesem Zusammenhang, dass die Arbeitsfähigkeit eines Menschen selbst nicht käuflich ist. Sie ist untrennbar mit der Person des Menschen verbunden. Der Unternehmer kann aus diesem Grund keine bestimmte vereinbarte Menge Arbeit kaufen, sondern nur unbestimmte Arbeitskraft, d. h. der Unternehmer kann den Arbeiter für sich arbeiten lassen und das Arbeitsprodukt behalten.
Aufgrund der Unbestimmtheit der gekauften Arbeitskraft, die sich u. a. in nicht genauer spezifizierten Anforderungen an die Arbeitsleistung niederschlägt, kann sich der Unternehmer, wenn er Arbeitskraft kauft, nie sicher sein bezüglich dessen, was er tatsächlich gekauft hat. Er kauft lediglich ein bestimmtes Potential (Humanressource), dessen Realisierung hinsichtlich Qualität und Quantität von verschiedenen Faktoren abhängt, wie etwa von der subjektiven Verfassung der Arbeiter, den allgemeinen gesellschaftlichen Bedingungen oder den gebotenen Anreizen.

Diese Unbestimmtheit dessen, was tatsächlich gekauft wurde, verursacht in Unternehmungen ein ständiges Regelungsdefizit und begründet damit die Notwendigkeit der **Kontrolle durch das Management.** Sie führt des weiteren dazu, dass der Arbeitsvollzug auch bei Existenz von Kontrolle und Überwachung von der spezifischen Subjektivität des Arbeitskrafteigentümers abhängig bleibt.

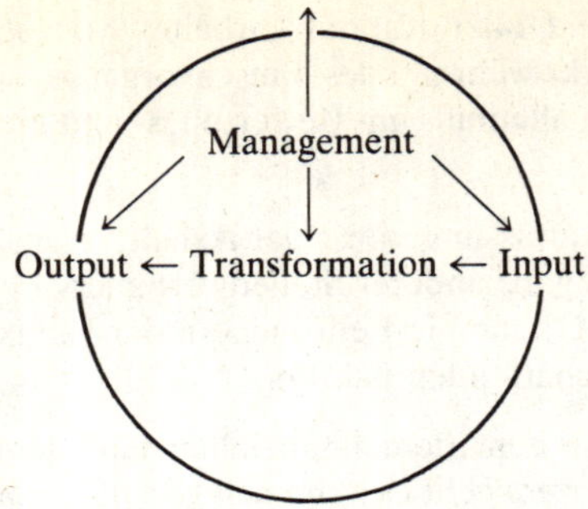

Abbildung 2.3: Managementfunktion

3. Ressourcenkombination durch das Management

Um das Zusammenspiel der bislang genannten betrieblichen Funktionen (Output, Input, Transformation) in Richtung auf eine möglichst effiziente Erfüllung der Zwecke und Ziele der Unternehmung und derjenigen ihrer Mitglieder sicherzustellen, ist der vierte Funktionsbereich, das **Management,** der zentrale Gegenstand dieses Buches, erforderlich.

Hauptaufgabe des Managements auf der *materiellen* Ebene ist es, für einen reibungslosen Ablauf der Transformationsprozesse im Betrieb zu sorgen. Dies setzt eine planmässige Versorgung mit Input, eine marktgerechte und gewinnbringende Verwertung des Outputs sowie eine angemessene Entlohnung der Besitzer/Eigentümer von betriebsnotwendigen Ressourcen voraus (vgl. Abb. 2.3).

Leistungserstellung und -verwertung ist, wie wir weiter oben gesehen haben, ohne Arbeit (einschliesslich vorgetaner Arbeit: Vorleistungen) nicht denkbar, d. h. Arbeit ist auf keine anderen Faktoren rückführbar, sie ist somit neben der Natur als einziger elementarer Produktionsfaktor anzusehen.

A. Smith (1723–1790) hat als erster auf die Bedeutung der Arbeit als eigentliche Quelle des Reichtums einer Nation hingewiesen. Dieser kann vor allem durch **Arbeitsteilung** gemehrt werden. Da die Produktionskosten eines Gutes aufgrund der einzigartigen Stellung des Produktionsfaktors Arbeit letztlich nur aus Arbeitsaufwand bestehen, wird die Arbeit zum Bestimmungsfaktor des Tauschwertes aller produzierten Güter.

Historisch gesehen wurden Managementfunktionen zunächst im **Produktionsbereich** notwendig, denn der gesellschaftlichen Arbeitsteilung folgte

im Merkantilismus und später im Zuge der industriellen Revolution eine produktionstechnische Arbeitsteilung.
Die industrielle Revolution, die in England ihren Ausgang nahm, führte zu einer neuen Form der Produktion, dem Fabriksystem, das das Verlagssystem nach und nach als unwirtschaftlich verdrängte. Das Fabriksystem ist durch hohe Mechanisierung, hohe Arbeitsteilung und Massenfertigung in grossen zentralisierten Werkstätten gekennzeichnet; es ermöglicht durch die hohe Arbeitszerlegung den Einsatz ungelernter oder angelernter Arbeiter, erfordert aber auch hohen Kapitaleinsatz. Dies wiederum verlangt nach möglichst exakten ökonomischen Daten (Prognose, Planung, Rechnungslegung) verbunden mit der Schriftlichkeit betrieblicher Vorgänge und einer reibungslos funktionierenden, disziplinierten Arbeiterschaft, was die Formalisierung von organisatorischen Strukturen und Abläufen erforderlich macht. Hierzu waren Managementfunktionen, wie **Planung** (Prognose, Arbeitsvorbereitung), **Organisation** (Abteilungsbildung) und **Kontrolle** (Aufsicht, Rechnungslegung) notwendig. Während sich im Fertigungsbereich vor allem Aufseher und Kontrolleure als neue Managementebene herausbildeten, wurden auf der obersten Ebene unter dem Eigentümerunternehmer, dem Fabrikherrn, Spezialisten des Rechnungswesens benötigt.
Im Produktionsbereich führte die Trennung von körperlicher und geistiger Arbeit (Trennung von Planung und Ausführung) zu einer relativen Reduzierung der in einer bestimmten Produktionsstufe körperlich Arbeitenden, da die zeitraubenden geistig-kreativen Aufgaben funktional auf Manager konzentriert werden konnten. Spätestens hier werden neue Aufgabenbereiche erkennbar, die als Management im funktionalen Sinn bezeichnet werden. Die exakte Zuweisung determinierter Aufgaben zusammen mit der Angabe von restriktiven Vorschriften hinsichtlich Mindestmengen und -zeiten sowie einer detaillierten Arbeitsordnung führten dazu, dass jeder Schritt des Arbeitsprozesses und der Arbeitsausführung einer Kontrolle unterworfen wurde. Kontrolle im Sinne von Disziplinierung und Überwachung wurde neben der Planung (als Arbeitsvorbereitung) zur wichtigsten Managementaufgabe.

Hier wird ein Phänomen deutlich, das von jener Zeit an mit den Worten von *K. Marx* als **Doppelnatur des Managements** bezeichnet werden kann. Damit wird auf die zweifache Funktion von Management verwiesen, nämlich einmal die **Koordination** von arbeitsteiligen Stellen, Abteilungen und Arbeitsprozessen und zum andern die **Herrschaftssicherung**, die Absicherung und Stabilisierung der Machtposition der Produktionsmittel-Eigentümer gegenüber dem Faktor *Arbeit*.
In der Folge hat sich die deutsche industriesoziologische Forschung verstärkt mit der Funktion der Herrschaftssicherung auseinandergesetzt und

die Koordinationsfunktion vernachlässigt, während die betriebswirtschaftliche Organisations- und Führungslehre das Schwergewicht ihrer Arbeiten auf die Koordination (einschliesslich Planung, Organisation, Führung, Kontrolle) gelegt und die Funktion der Herrschaftssicherung weitgehend übersehen hat.
Mit dem industriellen Wachstum und im Zuge der oben beschriebenen Reorganisation von Produktionstätigkeiten wuchsen auch die Managementaufgaben. Das funktionale Erfordernis nach Management, im Sinne von planmässiger Arbeitsvorbereitung, -einteilung und -überwachung, das zunächst nur im Produktionsbereich anerkannt war, wurde nun auch nach und nach in allen anderen Funktionsbereichen der Unternehmung bedeutsam: Einkauf, Personalverwaltung, Forschung und Entwicklung, Finanzierung und Rechnungswesen sowie Absatz.

Als Ausgangspunkt wissenschaftlicher Analysen der Arbeit auf Mikroebene (**Scientific Management** = wissenschaftliche Betriebsführung) gelten die Studien von *F. W. Taylor* (1856–1915). Was *K. Marx* als gesellschaftliche **Arbeitsteilung** theoretisch beschrieben und *A. Smith* im berühmten Beispiel der Nadelherstellung an betrieblichen Produktionsprozessen gezeigt hat, wendete *Taylor* in der betrieblichen Praxis konsequent an. Er entwickelte Methoden der Analyse von Arbeitsprozessen, die eine Zerlegung der Arbeit in kleinste Aufgabenelemente erlauben, die dann von verschiedenen Arbeitern erledigt werden. Neben dem damit verbundenen Produktivitätszuwachs ergab sich als weiterer ökonomischer Vorteil dieser Art von Arbeitsteilung das Phänomen, dass das für einen derartig organisierten Produktionsprozess erforderliche Paket an Wissen, Können und Fertigkeiten bedeutend billiger in Form getrennter Elemente (viele unqualifizierte Arbeiter, wenige qualifizierte Manager) als in Form von traditionell handwerklich-integrativ ausgebildeten Arbeitskräften gekauft werden konnte. *F. B. Gilbreth* (1868–1924), der prominenteste Schüler *Taylors,* ergänzte dessen Zeitstudien konsequenterweise durch Bewegungsstudien der Arbeitsabläufe, und zwar aus der Erkennntis heraus, dass jede Bewegung, die nicht unmittelbar dem Produktionsprozess dient, vergeudete oder vertane Arbeit darstellt. Menschliche Arbeit soll durch diese Organisation der Arbeit von allem Irrationalen, Zufälligen und auch von allen unnötigen Qualifikationen befreit werden.
Arbeit wird hier instrumentell als quantifizierbarer Input für technische Produktionsprozesse konzeptualisiert, wobei eine ökonomisch optimale Abstimmung von Arbeitsteilung, Arbeitszerlegung und Arbeitsverbindung mit Hilfe organisatorischer Hilfsmittel wie Arbeits-, Zeit- und Bewegungsstudien angestrebt wird.

Menschliche Arbeit wurde lange Zeit in Analogie zu Maschinenelementen gemessen und bewertet und formal den Faktoren Kapital und Material als gleichgewichtiger Produktionsfaktor hinzugefügt, der vom **Management** als einzig verbleibendem subjektiven Element geplant und kontrolliert wird. *Erich Gutenberg* (1897–1984) hat diese Arumentationskette als erster systematisch in die mikroökonomische Produktionstheorie, als Kernstück einer Allgemeinen Betriebswirtschaftlehre, eingeführt. Im *Gutenberg*schen System der produktiven Faktoren (1951) werden diese so miteinander kombiniert, dass ein optimales Verhältnis von Faktoreinsatz zu Faktorertrag (Produktivitätsbeziehung) erzielt wird. Zu den produktiven Faktoren zählen menschliche Arbeitsleistung, Betriebsmittel und Werkstoffe. Da der oben beschriebene Kombinationsprozess jedoch nicht von selbst abläuft, unterteilt *Gutenberg* den Elementarfaktor menschliche Arbeitsleistung in die objektbezogene, nicht anordnende Arbeit und die sog. *dispositive* Arbeitsleistung, die als Geschäfts- und Betriebsleitung (Management) den vierten Faktor im System bildet.

Diese Sichtweise ist in vielerlei Hinsicht defizitär und den Anforderungen des modernen Produktionsprozesses unangemessen. Neben einem allseits zu beobachtenden *Wertwandel* (hin zu eher postmaterialistischen, aber auch privatistischen Werthandlungen) haben vor allem *technologische Veränderungen* die Arbeitswelt beeinflusst. Die Entwicklung der Mikroelektronik hat zu einer Vielzahl von Produkt- und Prozessinnovationen geführt, die in fast allen Unternehmungsbereichen zu einer strategischen Neuorientierung Anlass gegeben haben. Rechnerunterstützung und Rechnerintegration in der Fertigung (z. B. CNC-Maschinen, CAD, CAM, CIM) und im Bürobereich (z. B. Computer-Aided-Office, flächendeckender PC-Einsatz, Expertensysteme mit künstlicher Intelligenz) sollen Produktivität und Flexibilität erhöhen.[7]

Der hier nur kurz skizzierte technologische Wandel begleitet bzw. beeinflusst gravierende *ökonomische Veränderungen*. Neben der zunehmenden Internationalisierung der Wirtschaft (global competition) lässt sich auf nationaler Ebene eine Veränderung der Arbeitsmarktstruktur (Segmentierung), der Qualifikationsanforderungen und Arbeitsbedingungen konstatieren. Das System der Arbeitsbeziehungen insgesamt ist in den meisten Industrienationen einem tiefgreifenden Wandel unterworfen (z. B. Deregulierung). Was die Bedeutung der vielfältigen empirischen Phänomene im Hinblick auf Unternehmungsstrategien anbetrifft, bestehen noch uneinheitliche Einschätzungen. Eines scheint jedoch, zumindest in den industriellen Kernbereichen (Automobilindustrie, Chemische Industrie, Maschinenbau), weltweit bevorzustehen bzw. schon eingetreten zu sein: Ein *Rückgang* der Massenproduktion und der Arbeitsteilung.

7 Vgl. hierzu ausführlicher das Kapitel VI, 6 Produktionsmanagement.

Flexible Spezialisierung und andere sog. **Neue Produktionskonzepte** (wie Kleinserienproduktion in Gruppenfertigung) sollen zu einer Überwindung fordistisch-tayloristischer Rationalisierungskonzepte führen. Galt bisher die tayloristische Arbeitsteilung als Grundkonzept kapitalistischer Rationalisierung, in der sich die lebendige Arbeit als Schranke weiterer Produktivitäts- und Qualitätssteigerung erwies, die durch die Mechanisierung und Automatisierung des Produktionsprozesses zu überwinden ist, so setzt sich jetzt im Management immer mehr die Einsicht durch, dass durch den restriktiven Zugriff auf die Arbeitskraft wichtige Produktivitätspotentiale verschenkt werden. Ausgehend von der veränderten Sichtweise des Managements hinsichtlich der neuen Produktionskonzepte, die gekennzeichnet sind durch Reprofessionalisierung der Produktionsarbeit, ganzheitlichen Aufgabenzuschnitt und eine breitere Verwendung der Qualifikation der Arbeiter, ist eine höhere Produktivität nur durch eine wachsende Wertschätzung der **Humanressourcen** zu erreichen. Im Zuge der betrieblich notwendigen Rationalisierungsmassnahmen aufgrund veränderter Marktbedingungen besteht nun die Chance, im Zuge einer grösseren Wertschätzung der lebendigen Art restriktive Arbeitsbedingungen abzubauen und neue personale Rationalisierungspotentiale zu erschliessen.

4. Ziele und Effizienz des Kombinationsprozesses

Die Kombination betrieblicher Ressourcen erfolgt in Organisationen vom Typ ‚Unternehmung'. **Organisationen** werden gegründet, um bestimmte Ziele zu erreichen. Bei der Analyse der Entstehung von Zielen in Organisationen stellt sich zunächst die schwierige Frage, ob Organisationen (in Analogie zu Individuen) überhaupt Ziele haben können oder nur Organisationsteilnehmer (Reduktionismusproblem).
Organisationsteilnehmer sind Individuen oder Gruppen, welche ein Interesse an der Organisation haben bzw. mit ihr verfolgen und über die Macht verfügen, die Ziele der Organisation zu beeinflussen. Organisationsteilnehmer beim Organisationstyp *Unternehmung* sind z. B. Eigentümer, Kreditgeber, Arbeitnehmer, Lieferanten, Kunden (vgl. Abb. 2.4). Analytisch lassen sich drei **Zielebenen** unterscheiden:

- Individualziele der Organisationsteilnehmer
- Ziele der Organisationsteilnehmer für die Organisation
- Ziele der Organisation.

Die **Individualziele** oder Motive eines Organisationsmitglieds werden, wenn sie als Forderungen an die Organisationsleitung (Management) gerichtet sind, zu **Zielen für die Organisation**. Ziele für die Organisation werden zu Zielen der Organisation, wenn sie vom Management verbindlich festgelegt worden sind.

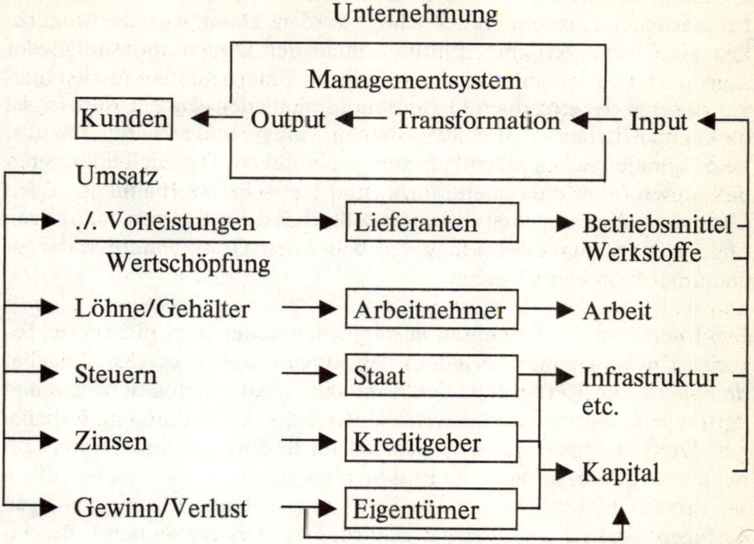

Abb 2.4: Die Unternehmung und die an ihr partizipierenden Organisationsteilnehmer

Untersuchen wir zunächst die klassische Annahme von der autonomen Formulierung von Zielen für die gesamte Organisation durch einen oder mehrere Organisationsteilnehmer. Die unzulässige Generalisierung der Beobachtung, dass in bestimmten Organisationstypen und bestimmten historischen Situationen die Ziele eines Organisationsteilnehmers (z. B. Eigentümer, Investor) so dominieren, dass er allein die Ziele der Organisation bestimmen kann, mag überhaupt erst zu dem theoretischen Konstrukt von den „Zielen der Organisation" geführt haben. In diesem Extremfall sind die Ziele eines Organisationsteilnehmers identisch mit den Zielen der Organisation. In der Regel werden jedoch mehrere Organisationsteilnehmer persönlich oder vertreten durch Repräsentanten (z. B. Betriebsräte, Gewerkschaften, Verbraucherverbände) Ansprüche formulieren (Ziele für die Organisation), die keineswegs mit ihren eigenen Zielen identisch sein müssen. Erst durch die formale Absegnung des im Zielbildungsprozess erreichten Kompromisses durch dazu autorisierte Manager entstehen offizielle **Ziele der Organisation**.

Wenn der **Zielbildungsprozess** tatsächlich so verlaufen würde, wie in diesen Modellen beschrieben, müsste sich die Unternehmung aus gleichberechtigten Individuen und Gruppen zusammensetzen, die ihre individuellen Ziele, u. a. auch Umweltschutzziele, einbringen, die dann im unternehmerischen Handeln berücksichtigt werden. Damit wird die Möglichkeit einer symmetrischen Einflussnahme der Organisationsmitglieder suggeriert. Die Annahme, dass die Ziele der Unternehmung aus den Individualzielen der einzelnen Organisationsmitglieder gebildet werden, ist in kapitalistischen Wirtschaftssystemen völlig *realitätsfremd,* da u. a. keine symmetrischen Machtbeziehungen bestehen. Das Zielbildungsmodell täuscht über die realen Macht- und Herrschaftsverhältnisse in den Unternehmungen hinweg und unterstellt, dass die Interessen der übrigen Organisationsmitglieder *gleichrangig* neben dem Gewinninteresse der Eigentümer bestehen könnten.

Die Interessen der Organisationsmitglieder stehen aber nicht gleichberechtigt nebeneinander, sondern das **Renditestreben** der Kapitalgeber *dominiert.* Die Kerngruppe der Kapitalgeber ist durch gesetzliche und vertragliche Normen autorisiert, die Ziele der Unternehmung festzulegen. Die Satellitengruppen, zu denen dann die übrigen Organisationsteilnehmer gehören, können die Entscheidungsprozesse zwar zu beeinflussen versuchen; wenn sie aber über keine ausreichenden Machtgrundlagen verfügen, sind sie von einer tatsächlichen Mitwirkung an den Entscheidungen ausgeschlossen. Ihre Ziele und Bedürfnisse werden nur insoweit berücksichtigt, als sie der Gewinnerzielung bzw. den Zielen der mit Macht ausgestatteten Kerngruppe nicht widersprechen.
Da in kapitalistischen Wirtschaftssystemen die **Gewinnerzielung** *Primäreffekt* unternehmerischen Handelns darstellt, dient die **Leistungserstellung** als *Sekundäreffekt* lediglich als Mittel zur maximalen Gewinnerzielung. So ist zwar für die Wahl von Sachzielen ein Spielraum gegeben, das oberste Formalziel aber, die Gewinnerzielung, steht nicht zur Disposition, da die Unternehmung gezwungen ist, nachhaltig Gewinne zu erzielen, um am Markt bestehen zu können.
Das Management muss in diesem Zusammenhang dafür Sorge tragen, dass der zur Leistungserstellung und -verwertung erforderliche **Ressourceneinsatz** gegeben ist. Hierzu müssen stabile formale (z. B. Verträge) und informale (z. B. good will) Beziehungen zu den Ressourcengebern etabliert und gepflegt werden. Eine Unternehmung gilt in dieser Betrachtungsweise solange als *effizient,* wie sie von den Eigentümern/Besitzern von Ressourcen (den Input-Gebern) aufgrund gebotener Anreize akzeptiert wird. In einer Marktwirtschaft gelten üblicherweise die *Zahlungsunfähigkeit* (Illiquidität) und die *Überschuldung* als Konkursgründe, d. h. die Nicht-Akzeptanz der Unternehmung durch eine Gruppe, die **Gläubi-**

Effizienz der Leistungserstellung:

$$\text{Produktivität} = \frac{\text{Output (mengenmäßig)}}{\text{Input (mengenmäßig)}} \cdot 100$$

$$\text{Wirtschaftlichkeit} = \frac{\text{Output (wertmäßig, in Verkaufspreisen)}}{\text{Input (wertmäßig, in Faktorpreisen)}} \cdot 100$$

Betriebsergebnis = erstellter Output (Leistung) ⁒ Input (Kosten)

Effizienz der Leistungsverwertung:

Gewinn = verkaufter Output (Ertrag) ⁒ Input (Aufwand)

$$\text{Rentabilität} \quad \frac{\text{Gewinn}}{\text{investiertes Kapital}} \cdot 100$$

Wertschöpfung = Umsatz ⁒ Vorleistungen (Input von Lieferanten)

Beispiel: Siemens AG, Geschäftsjahr 1985 (in Millionen DM)

	Umsatz:	54.616	(von Kunden)
	⁒ Vorleistungen:	29.393	(an Lieferanten)
	Wertschöpfung:	25.223	
	Löhne/Gehälter:	20.426	(an Arbeitnehmer)
	Steuern:	2.275	(an Staat)
	Zinsen/Tilgung:	994	(an Kreditgeber)
Gewinn	Dividende:	573	(an Eigentümer/Aktionäre)
Gewinn	Rücklagen:	955	(in der Unternehmung verbleibend)
	Wertschöpfung:	25.223	
	Gewinn nach Steuern:	1.528	

$$\text{Rentabilität (des Eigenkapitals)} = \frac{1.528}{12.422} \cdot 100 = 12{,}3\%$$

ger bzw. Kreditgeber. Die Kündigung dieser Teilnahme hat jedoch ihre Ursache in aller Regel in vorausgegangenen Ungleichgewichten in anderen Unternehmungs-Umwelt-Beziehungen, vor allem in denjenigen zu den Abnehmern/Kunden.

Neben den Kapital- bzw. Geldgebern haben aber alle anderen Ressourcengeber ebenfalls Effizienzvorstellungen: die **Arbeitnehmer** erwarten

z. B. einen „gerechten“ Lohn und einen sicheren Arbeitsplatz; die **Lieferanten** vereinbarungsgemässe Zahlung von Lieferungen und Leistungen; die **Käufer** ein mängelfreies Produkt oder eine hochwertige Dienstleistung zu „angemessenen“ Preisen; die **Kommune** möglichst geringe Umweltbelastung und hohe Gewerbesteuerzahlungen.
Für jede dieser Interessengruppen bedeutet also Effizienz der Unternehmung etwas anderes, eine aus ihrer spezifischen Interessenlage geborene Leistungserwartung an die Unternehmung.

Effizienz verstehe ich also primär als eine Bewertung der Unternehmung als Ganze durch *externe* Interessengruppen (primär Kapitalgeber, die eine angemessene Verzinsung ihres investierten Kapitals erwarten = Gewinnerwartung, Rentabilität) und erst in zweiter Linie als Beurteilung der *internen* Leistungsfähigkeit, den gewünschten Output zweckrational zu erstellen (Produktivität, Wirtschaftlichkeit).

Literaturhinweise

Zu 1: **Ökonomische Funktionen und gesellschaftliche Verantwortung**

Berle, A. A./Means, G. C., The Modern Corporation and Private Property, New York 1932

Steinmann, H., Das Grossunternehmen im Interessenkonflikt, Stuttgart 1969

Ulrich, P., Die Grossunternehmung als quasi-öffentliche Institution, Stuttgart 1977

Ulrich, P., Transformation der ökonomischen Vernunft, Bern etc. 1986

Zu 2: **Betrieblicher Ressourceneinsatz**

Heinen, E. (Hrsg.), Industriebetriebslehre – Entscheidungen im Industriebetrieb, 8. Aufl., Wiesbaden 1985

March, J. G./Simon, H. A., Organizations, New York etc. 1958; deutsch: Organisation und Individuum, Wiesbaden 1976

Thompson, J. D., Organization in Action, New York etc. 1967

Ulrich, H., Die Unternehmung als produktives soziales System, 2. Aufl., Bern/Stuttgart 1970

Zu 3: **Ressourcenkombination durch das Management**

Braverman, H., Die Arbeit im modernen Produktionsprozess, Frankfurt/New York 1977, 2. Aufl. 1985

Edwards, R., Herrschaft im modernen Produktionsprozess, Frankfurt/New York 1981

Gutenberg, E., Grundlagen der Betriebswirtschaftslehre, Bd. I: Die Produktion, 1. Aufl. 1951, 24. Aufl. Berlin etc. 1983

Kern, H./Schumann, M., Das Ende der Arbeitsteilung? 4. Aufl. München 1990

Marx, K., Das Kapital, Bd. 3, MEW 25, Berlin (Ost) 1964

Taylor, F. W., The Principles of Scientific Management, New York 1911; deutsch: Die Grundsätze der wissenschaftlichen Betriebsführung, Berlin/München 1917

Zu 4: **Ziele und Effizienz des Kombinationsprozesses**

Grabatin, G., Effizienz von Organisationen, Berlin/New York 1981
Hauschildt, J., Entscheidungsziele, Tübingen 1977
Ortmann, G., Unternehmungsziele als Ideologie, Köln 1976
Staehle, W. H., Kennzahlen und Kennzahlensysteme als Mittel der Organisation und Führung von Unternehmen, Wiesbaden 1969

Kapitel III: Management als Funktion und als Institution

1. Begriffsabgrenzung

Unter Management versteht man heute im englischsprachigen und im deutschsprachigen Raum sowohl eine Funktion, die in arbeitsteiligen Organisationen notwendig wird, als auch eine Institution, d. h. die Personen(-gruppen) innerhalb einer Organisation, die diese Funktion wahrnehmen. Wenn z. B. die Rede vom Management der Firma X ist, so können damit einmal die Managementaufgaben angesprochen sein, die in der Firma X ausgeübt werden, und zum anderen die Manager, die diese Aufgabe wahrnehmen.

Unter **Funktion** verstehe ich im folgenden eine zweckdienliche Leistung, die zur Erhaltung eines Systems, hier der Unternehmung, zwingend notwendig ist. Funktionserfüllung erfordert die Ausübung konkreter Aufgaben, die bestimmten hierfür qualifizierten Personen zugewiesen werden.

Im Rahmen des Managements als Funktion fallen einmal aussergewöhnliche, *sporadische* Aufgaben (**Strukturentscheidungen**) an, wie Gründung, Standortwahl, Fusion, Liquidation, und zum anderen *laufende* **Koordinationsaufgaben**, wie Motivation, Führung und Kontrolle. Kriterium für die Zuordnung von Managementaufgaben zu sporadisch oder laufend ist die Häufigkeit des Auftretens des Problems im Leben einer Unternehmung.

Je nachdem, ob hierbei eher formal-bürokratische, sachbezogene Konzepte oder eher sozialpsychologische, personenbezogene Massnahmen Verwendung finden, spreche ich von *verfahrensorientiertem* bzw. *verhaltensorientiertem* Management.

Um eine möglichst reibungslose Erfüllung der sporadischen und laufenden Managementaufgaben gewährleisten zu können, müssen flankierende Massnahmen der **Herrschaftssicherung** ergriffen werden. Diese richten sich einmal nach *aussen* (Umwelt der Unternehmung) in Form von Autonomiestrategien und nach *innen* als Einbindungsstrategien.
Der hier getroffenen Einteilung von Managementaufgaben kommt allerdings nur *analytische* Bedeutung zu. In der Managementpraxis dienen die

Massnahmen der Strukturierung und Koordination keinesfalls nur der zweckrationalen Produktion von Output, sondern sind immer auch gleichzeitig Instrumente der Herrschaftssicherung. So stellen z. B. Motivation und Führung einerseits Massnahmen der laufenden Koordination dar, andererseits aber auch Instrumente der sozialen Kontrolle in herrschaftssichernder Absicht. Einmal errungene Machtpositionen gegenüber Abnehmern und Lieferanten müssen durch Koordinationsmassnahmen auf der Ebene ‚Unternehmung – Umwelt' abesichert werden.
Abbildung 3.1 gibt einen Überblick über die hier entwickelten Bergriffe, so wie sie auch in den weiteren Ausführungen verwandt werden.
Zum Management als **Institution** zählen Unternehmer, Manager, leitende und sonstige Angestellte insoweit, als sie Management-Aufgaben im Sinne obiger Definition ausüben.

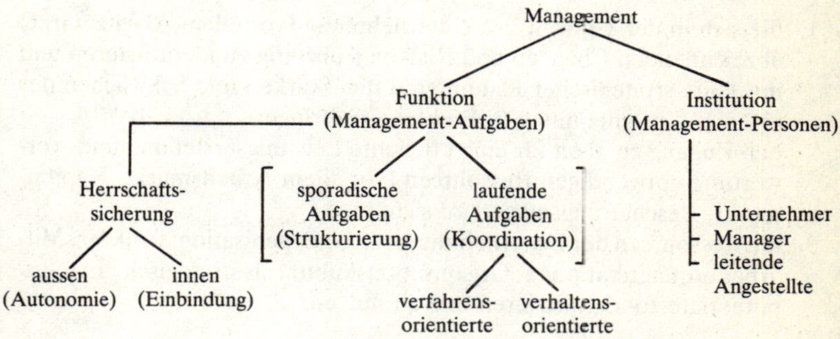

Abbildung 3.1: Management als Funktion und als Institution

2. Management als Funktion

In Anknüpfung an den weiter oben beschriebenen Doppelcharakter von Management bietet es sich an, Managementfunktionen in zwei grosse Bereiche einzuteilen:

a) Strukturierung und Koordination (Planung, Organisation, Führung und Kontrolle)
b) Herrschaftssicherung und Legitimation (legitimierende Absicherung allen Managementhandelns nach innen und aussen).

a) Strukturierung und Koordination

Management im Sinne von Strukturierung und Koordination wird auf verschiedenen organisatorischen Ebenen notwendig. Es kann sowohl einzelne Abteilungen als auch die gesamte Unternehmung zum Gegenstand haben.

Sporadische Managementaufgaben betreffen primär die Ebene **Umwelt – Unternehmung**. Die Abstimmung aller Unternehmungsaktivitäten mit den Anforderungen der Umwelt ist Gegenstand des strategischen Managements[1].

Laufende Managementaufgaben betreffen dagegen eher die Ebenen **Unternehmung – Hauptabteilung** (Geschäftsbereich), **Hauptabteilung – Arbeitsgruppe** und werden innerhalb einzelner Abteilungen/Arbeitsgruppen notwendig (operatives Management).

Die Hauptaufgaben des **strategischen Managements** bestehen darin,

1. die sich in der Umwelt der Unternehmung (vor allem Absatzmarkt) abzeichnenden Chancen und Risiken frühzeitig zu identifizieren und mit Hilfe strategischer Planung mit den Stärken und Schwächen der eigenen Unternehmung in Einklang zu bringen,
2. den Zugang zu allen für eine effiziente Leistungserstellung und -verwertung notwendigen Ressourcen (vor allem Arbeitsmarkt, Kapitalmarkt, Beschaffungsmarkt) zu sichern,
3. die Ressourcen der Unternehmung (z. B. Organisationsstruktur, Mitarbeiterqualifikationen, Organisationskultur) als strategische Erfolgspotentiale zu identifizieren und zu nutzen.

Das **operative Management** stellt darauf ab, die vom strategischen Management entwickelten Output-, Input- und Transformationsziele durch Arbeitsteilung und zielorientierte Koordination erreichen zu helfen. Operatives Management konkretisiert sich inhaltlich als

- Output-Management (z. B. Absatzmanagement)
- Transformations-Management (z. B. Produktionsmanagement)
- Input-Management (z. B. Einkaufsmanagement).

Die formale Überwachung und quantitative Abbildung der hierzu notwendigen informationellen Transformationen wird vom **Controlling** geleistet.[2] Controlling stützt sich auf ein Planungs- und Kontrollsystem, das u. a. das extern orientierte strategische Management mit dem intern orientierten operativen Management verbindet. Im Rahmen des Controlling fallen folgende Aufgaben an:

1 Vgl. hierzu ausführlicher das Kapitel VI, 1 Unternehmungsstrategie.

2 Vgl. hierzu auch S. 164 der Arbeit.

Planung	1.	Aufstellen von Teilplänen (pro Produktionsbereich, Funktionsbereich, Region)
	2.	Abstimmen der Teilpläne
	3.	Umwandlung der Plandaten in numerische Ausdrücke und deren Bewertung (Marktpreise, innerbetriebliche Verrechnungspreise)
	4.	Vorgabe von wertmässigen Plandaten (Budget)
Kontrolle	5.	Bereitstellen von Vergleichsmassstäben (Daten aus früheren Planperioden, Daten aus vergleichbaren Organisationen)
	6.	laufende Ist-Daten-Erfassung
	7.	Abweichungsanalyse
	8.	Information und Einleitung von Korrekturmassnahmen.

Zusammenfassend können wir bis jetzt festhalten: Die Aufgabenerfüllung innerhalb der Unternehmung wird durch die Faktoren Arbeit und Sachmittel (als vorgetane Arbeit) bewerkstelligt, die diesem Zweck entsprechend miteinander kombiniert werden. Dazu werden externe Ressourcen benötigt, die möglichst wirtschaftlich beschafft, koordiniert und genutzt werden müssen. Der Zugang zu den Ressourcen muss durch entsprechende Anreize gesichert werden.

Diese Aktivitäten werden herkömmlicherweise als **Management** bezeichnet. Einmal muss die Struktur der Unternehmung planvoll entwickelt, zum anderen muss der Ablauf der Informations-, Kommunikations-, Entscheidungs- und Ausführungsprozesse sowohl innerhalb als auch über die Systemgrenzen hinaus organisatorisch gestaltet werden.

Wenn bislang Managementtätigkeiten als quasi wertfreie Aktivitäten in einer der ökonomischen Rationalität verpflichteten Unternehmung behandelt wurden, so zeigt ein Vergleich dieser formalistischen Betrachtungsweise mit den realen Gegebenheiten schnell, dass durch unterschiedliche persönliche und gesellschaftliche Präferenzordnungen und Wertvorstellungen erhebliche Modifikationen notwendig werden. Bei der Analyse dieser Einflussfaktoren kommt dem **Gesellschaftssystem** ganz besondere Bedeutung zu. Da die Befriedigung unterschiedlicher Bedürfnisse mit unterschiedlichen Kosten- und Gewinnerwartungen verbunden sind, besteht in kapitalistischen Wirtschaftsordnungen die Tendenz, dass sich privatwirtschaftlich organisierte Unternehmungen, die nach Gewinn streben, auf die mehr lukrativen Aufgabenerfüllungen konzentrieren, und dass andere, vom ökonomischen Standpunkt weniger attraktive gesellschaftliche Aufgaben vernachlässigt werden, so dass diese Aufgaben durch von der Gemeinschaft getragene öffentliche Betriebe erfüllt werden müssen.
Die sich daraus ergebenden Widersprüche zwischen öffentlicher Armut

und privatem Reichtum sowie die im Zuge der Kapitalakkumulation geschaffene Marktmacht bedürfen einer permanenten Rechtfertigung durch das Management. Die Unternehmer bzw. ihre angestellten Manager müssen immer wieder erklären, wieso es erforderlich ist, dass im Zuge der Bedürfnisbefriedigung Gewinne entstehen müssen, warum in der Unternehmung Herrschaftsbeziehungen notwendig sind, warum eine zu weitgehende Mitbestimmung schädlich ist usw. Hier kommen wir zu dem zweiten grossen Tätigkeitsfeld des Managements, der Sicherung der bestehenden Machtverhältnisse.

b) Herrschaftssicherung und Legitimation

Sollen bestehende Ungleichheiten in den Einkommens-, Berufs- und Lebenschancen aufrechterhalten werden, dann muss die Ungleichheit als gerecht und bewahrenswert dargestellt werden. Hierbei werden von denen, die ein Interesse an der Aufrechterhaltung der Ungleichverteilung haben, verschiedene Strategien[3] angewendet.
Wie weiter oben ausgeführt, sind in jeder Wirtschaftsordnung, also auch in der marktwirtschaftlichen, zahlreiche Tatbestände *legitimationsbedürftig*. Im marktwirtschaftlichen System bedarf insbesondere das Auseinanderfallen von Bedürfnisbefriedigung (Sachziel) und Kapitalverwertung (Formalziel), die Divergenz von Unternehmungszielen und Arbeitnehmerzielen sowie die asymmetrische Machtverteilung in der Unternehmung erheblicher **Rechtfertigungsbemühungen**.
Dass die zu legitimierenden Tatbestände nicht naturgegeben, sondern das Ergebnis bestimmter gesellschaftlicher Entwicklungsprozesse sind, soll die schematische Gegenüberstellung von gesellschaftlichem Zweck, Betriebsziel und individuellem Arbeitsmotiv in der historisch ältesten Gesellschaftsform und der heutigen kapitalistischen Wirtschaftsordnung verdeutlichen.

Abbildung 3.2: Einheit von Zweck, Ziel und Motiv in der Urgesellschaft

3 Unter *Strategie* wird in diesem Zusammenhang nicht das herkömmliche Konzept der Unternehmungsstrategie verstanden, sondern der Einsatz von Sozialtechnologien und anderen Mitteln der sozialen Kontrolle zur Stabilisierung des Systems *Unternehmung*.

Urgesellschaft (vormerkantilistisch, z. B. sich selbst versorgender Landwirt):

Motivationale, personale und organisatorische Einheit, d. h. Deckung (Verkopplung) von

- gesellschaftlichem Zweck (Bedürfnisbefriedigung)
- Betriebsziel (Bedürfnisbefriedigung)
- individuellem Arbeitsmotiv (Bedürfnisbefriedigung)

Industriegesellschaft (marktwirtschaftlich, z. B. Unternehmung):

Auseinanderfallen (Entkopplung) von

- gesellschaftlichem Zweck (Bedürfnisbefriedigung)
- Unternehmungsziel (Kapitalverwertung, Gewinn)
- individuellem Motiv (Lohn, professionelle Interessen)

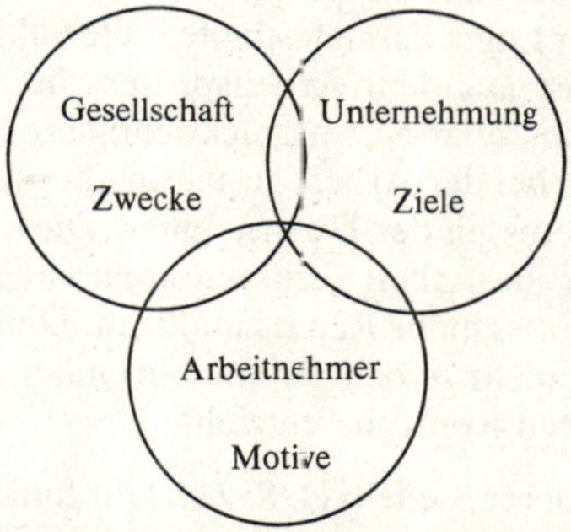

Abbildung 3.3: Auseinanderfallen von Zweck, Ziel und Motiv in der Industriegesellschaft

Geht man davon aus, dass jede gesellschaftliche Institution in ihrer Funktionsweise den Beteiligten plausibel (sinnhaft) erscheinen soll, muss das Auseinanderfallen von Zwecken, Zielen und Motiven zumindest zwei schwerwiegende Konsequenzen haben:

1. Die Notwendigkeit von Herrschaftssicherung und
2. Die Notwendigkeit der Legitimation unternehmerischen Handelns

Zu 1. **Herrschaftssicherung**

Aufgrund der Untrennbarkeit von Person und Arbeitsvermögen bleibt die Verfügung über Arbeitskraft an deren spezifische Subjektivität gebunden, d. h., die Nutzung der Arbeitskraft ist unauflöslich an die Mitwirkung ihrer Eigentümer gebunden. Ein Grundproblem jeder Organisation von Arbeit besteht darin, den Arbeiter zu dieser Mitwirkung zu zwingen oder zu motivieren. Daraus folgt, dass die Aufrechterhaltung betrieblicher Herrschaft, zusätzlich zur Verfolgung der Sachziele der Unternehmung, ein ständiges Managementproblem darstellt.

Um die Verfügung über die Arbeitskräfte sicherzustellen, müssen Unternehmungen **Kontrollmöglichkeiten** schaffen, und die Arbeit muss eine kontrollfähige Form annehmen. Hierzu sind *sporadische* (z. B. Arbeitsteilung und Hierarchisierung) und *laufende* Managementaufgaben vorgesehen (vgl. Kapitel IV und V). Die Kontrollmechanismen beziehen sich einerseits auf Strukturelemente betrieblicher Arbeitsorganisation und andererseits auf Konformitäts- und Fügsamkeitserfordernisse (Sozialintegration). Für die Unternehmung ist es demnach wichtig, einerseits das Arbeits- und Leistungsverhalten und andererseits die Mitwirkungsbereitschaft der Arbeitnehmer zu sichern und zu kontrollieren.

In diesem Zusammenhang lässt sich auch erklären, warum konservative Unternehmer entgegen aller Logik daran festhalten, die **Subjektivität des Arbeitsvermögens** möglichst aus dem Arbeitsprozess heraushalten zu wollen: Die Berücksichtigung oder Nichtberücksichtigung der Subjektivität des Arbeitsvermögens bei der Arbeitsgestaltung berührt direkt die Macht- und Herrschaftsinteressen der Unternehmer. Diese befürchten, dass sie die Kontrolle über die Arbeit verlieren könnten, wenn sie der Subjektivität im Arbeitsprozess mehr Raum zubilligen. Denn mehr Subjektivität geht meistens mit mehr Arbeitsautonomie einher, die sich wiederum i. d. R. einer direkten Kontrolle entzieht.

Im Gegensatz zu der an anderer Stelle (vgl. S. 21f.) für funktional erachteten Trennung von Motiv und Sachziel handelt es sich hier um die unerwünschte Trennung von Motiv und Formalziel (Gewinnstreben). Bei der Diskussion der möglichen Ursachen für die besondere Leistungsfähigkeit erwerbswirtschaftlicher Organisationen wurde als *ein* Grund die Trennung der individuellen Motive von den Zielen der Unternehmung genannt. Man handelte lange Zeit gemäss der Auffassung, es sei ausreichend, die Mitgliedschaft durch Geld zu erkaufen; eine Akzeptanz der Ziele und Mittel durch die in der Unternehmung Tätigen sei überflüssig. Im Zuge der allseits feststellbaren Krise materieller Anreizsysteme sowie der Rezeption neuerer sozialwissenschaftlicher Forschungsergebnisse zur Bedeutung gemeinsam geteilter Werte *(Organisationskultur)* wurde diese Auffassung immer stärker relativiert, und zwar dahingehend, dass es für die Zwecke unternehmerischer Zielerreichung durchaus funktional ist, wenn sich die *Mit*-Arbeiter mit diesen Zielen identifizieren.

Das Auseinanderfallen von Zwecken, Zielen und Motiven hat nämlich zumindest zwei problematische Folgen:

- **Verlust von Sinn:** Als Folge der Instrumentalisierung von Bedürfnissen und von Arbeit zur Gewinnerzielung fragen Bürger und Konsumenten nach dem Sinn erwerbswirtschaftlicher Produktion (Legitimationskrise) und Arbeitnehmer bei fehlender Identifikation mit dem Arbeitsinhalt nach dem Sinn der Arbeit (Motivationskrise).
- **Entstehen ungleicher Machtverhältnisse:** Die organisatorische und personale Trennung von einem vormals gemeinsamen Interesse (gesellschaftliche Bedürfnisbefriedigung) in zumindest drei Partikularinteressen (Bedürfnisbefriedigung, Gewinn, Lohn) führt zu Machtkonzentrationen im Unternehmungsbereich. So verfügt die Unternehmungsleitung z. B. über die Macht, darüber zu entscheiden, welche Bedürfnisse befriedigt werden und welche Mitarbeiter eingestellt werden.

Beide Konsequenzen bedrohen die Stabilität des marktwirtschaftlichen Systems. In dieser Situation versuchen die Unternehmungen durch Strategien auf verschiedenen Ebenen, die einmal erzielte (Teil-)Autonomie gegenüber den individuellen und gesellschaftlichen Ansprüchen und Forderungen zumindest zu bewahren, und zwar nach

- aussen durch **Autonomiestrategien,**
- innen durch **Einbindungsstrategien.**

Autonomiestrategien

1. **Koalition**
Zusammenschluss von zwei oder mehreren Unternehmungen, um gemeinsame Ziele besser als allein zu erreichen (Absprachen, Kartelle, Konzerne)

2. **Bargaining**
Verhandlungen zwischen zwei oder mehreren Gruppen oder Organisationen mit dem Ziel, eine Vereinbarung hinsichtlich des Austausches von Leistungen zu erzielen. Die Verhandlungspartner verfügen i. d. R. über Machtmittel (Belohnung und Bestrafung), mit denen sie das Verhalten der anderen Partei beeinflussen können. Diese Strategie findet sich häufig bei Konfliktsituationen zwischen Arbeitgebern und Gewerkschaften (Tarifverhandlungen).

3. **Kooptation**
Aufnahme von Mitgliedern aus Umweltbereichen, die für die Existenz der Unternehmung bedrohlich sind.
Zwei Formen sind denkbar

- Beteiligung an der *Verantwortung* für die Machtausübung, z. B. Mitgliedschaft in Beratungsgremien und Aufsichtsräten
- Beteiligung an der *Machtausübung,* z. B. Übernahme von Führungspositionen.

4. **Lobbyismus**
Kontaktaufnahme mit Abgeordneten der Parlamente und Regierungsmitgliedern in Bund und Ländern mit dem Ziel der Beeinflussung der Gesetzgebung im Sinne der Unternehmungsziele.

5. **Repräsentation**
Unternehmungen streben die Mitgliedschaft in anderen einflussreichen Organisationen (Verbänden) an, um dort ihre eigenen Interessen zu vertreten.

6. **Öffentlichkeitsarbeit**
Vermittlung und Verbreitung von Meinungen, Werten und Normen (z. B. über Privateigentum, freie Marktwirtschaft, Kernenergie), die im Einklang mit den Interessen der Unternehmung sind, damit jene in der Umwelt eine positive Aufnahme finden.

Einbindungsstrategien

1. **Hierarchische Machtausübung** (Zwang)
Aufrechterhaltung asymmetrischer Machtverhältnisse; Konservierung sozialer Distanz zwischen den einzelnen Stufen der Hierarchie (von Stellen, von Qualifikationen, von Statussymbolen) u. a. mit dem Ziel, eine Gegenmacht der Arbeitnehmer zu verhindern, um Solidarität zu behindern und Konkurrenzkampf (um gut bezahlte Arbeitsplätze, hohe Positionen, Arbeitsplätze mit guten Arbeitsbedingungen) zu etablieren.

2. **Motivation** und **Führung**
Beeinflussung der Erwartungen, des Handelns und Verhaltens im Hinblick auf die Unternehmungsziele durch das Anbieten von Leistungsanreizen und Identifikationsmöglichkeiten (vgl. hierzu ausführlich Kapitel, V, 2.).

3. **Selektion** und **Sozialisation**
Um Ziele der Unternehmung zu handlungsrelevanten operativen Zielen werden zu lassen, müssen sie als solche von Handlungsträgern akzeptiert werden, auch wenn diese von den eigenen persönlichen Zielvorstellungen (Motiven) abweichen.

Als erster Ansatzpunkt bieten sich die personalpolitischen **Selektionsmassnahmen** der Rekrutierung neuer Mitarbeiter bzw. die interne Umsetzung, Versetzung und Beförderung von Personal an. Hierbei werden dann solche Bewerber bevorzugt, die ein hohes Mass an Identifikation mit den Zielen und Werten der Unternehmung aufweisen bzw. dies erwarten lassen. Darüber hinaus werden Entwicklungsprozesse eingeleitet, in deren Verlauf die Arbeitnehmer sich in zunehmendem Masse mit den Zielen der Unternehmung identifizieren, bis sie als Individuen selbständig und ‚frei' Entscheidungen treffen, die ganz im Sinne der Unternehmung liegen. Der Vorgang der organisatorischen **Sozialisation** wird aus der Sicht der Unternehmung dadurch erleichtert, dass diese Belohungen in Form materieller und immaterieller Anreize (z. B. Gehalt, Karriere) bieten kann. Je höher ein Mitarbeiter in der Hierarchie gestiegen ist, desto erfolgreicher ist der Prozess gelungen und umgekehrt. In der betrieblichen Sozialisation wird als Endziel die völlige Internalisierung unternehmerischer Ziele und Werte angestrebt. Handelt der Mitarbeiter quasi automatisch nach diesen Zielen und vermeint sogar, es seien seine eigenen, hat er sich völlig mit der Unternehmung identifiziert.

Autonomie- und Einbindungsstrategien als Strategien der Herrschaftssicherung werden durch übergreifende, zugleich aber obige Massnahmen flankierende **Legitimationsstrategien** begleitet.

Zu 2. **Legitimation**

Was die Legitimation nach *innen* betrifft, sehen sich die Unternehmer genötigt, nicht unmittelbar einsichtige Zwänge zu rechtfertigen und Sinndefizite abzubauen. Um die Ziele der Unternehmung zu erreichen, sind die Manager auf die Mitarbeit der Arbeitnehmer angewiesen. Aus diesem Grund ist es für den unternehmerischen Erfolg nicht nur wichtig, dass sich die Mitarbeiter mit ihrer Arbeit, dem Produkt ihrer Arbeit und dem Arbeitgeber (Corporate Identity) identifizieren, sondern auch, dass die Mitarbeiter die bestehenden ungleichen Machtverhältnisse als Sachzwänge akzeptieren.
Aufgrund des Wertwandels, der gestiegenen Qualifikationen der Mitarbeiter und dem damit einhergehenden zunehmenden Selbstbewusstsein der Beschäftigen müssen sich die Unternehmungen zudem immer mehr auch für die Art der von ihnen hergestellten Produkte und die dazu verwendeten Ressourcen und Produktionsverfahren im Sinne der Umweltverträglichkeit legitimieren.

Was die Legitimation nach *aussen* betrifft, wird verstärkt eine Übernahme sozialer und ökologischer Verantwortung von (vor allem) Grossunternehmungen gefordert und eine Minimierung negativer externer Effekte bei der Leistungserstellung und -verwertung erwartet.
Zur Begegnung dieser Forderungen haben Unternehmer und ihre Ver-

bände eine Reihe von **Argumentationshilfen** entwickelt, die den Charakter von Unternehmer- bzw. Managerideologien annehmen:

1. **Effizienzthese**
Privatwirtschaftlich organisierte Produktion und Distribution werden als die effizientesten Formen der Lösung des gesellschaftlichen Problems materieller Bedürfnisbefriedigung bezeichnet. Unternehmungen erbringen nicht nur einen **marktgerechten Output**, sondern gewähren auch eine **leistungsgerechte Entlohnung** für überlassenen Input (Kapital, Arbeit, Material usw.). Darüber hinaus sei die kapitalistische Wirtschaftsweise, wenn sie sich ungehindert von staatlichen und gewerkschaftlichen Eingriffen entfalten kann, ein Garant für
- steigende Löhne (Lebensstandard)
- steigende Freiheit
- sichere Arbeitsplätze
- steigendes Steueraufkommen.

Unter Hinweis auf den wahrscheinlichen Wegfall dieser Garantien wird auch ein Output gerechtfertigt, der gesellschaftlich äusserst umstritten ist, wie z. B. Strom von Kernkraftwerken, Produktion von Rüstungsgütern.

2. **These von der Unverzichtbarkeit der Hierarchie**
Asymmetrische Machtverteilung in Unternehmungen wird als legal und notwendige Voraussetzung für eine effiziente Zielerreichung dargestellt. Der Verweis auf die Legalität und organisatorische Notwendigkeit hierarchischer Organisation führt zu deren Akzeptanz. Generell wird zwar Chancengleichheit in bezug auf das Erreichen von herausgehobenen Positionen in der Hierarchie verkündet, de facto wirken jedoch die als Eingangsvoraussetzung geforderten Bildungsnachweise (symbolisiert durch Zeugnisse und Diplome) sowie Loyalitäts- und Fügsamkeitsanforderungen prohibitiv.

3. **Mitbestimmungsthese**
Aus der Erkenntnis heraus, dass der Kapitalismus nur dann überlebensfähig ist, wenn er schrittweise Zugeständnisse an die ‚Systemgeschädigten' macht, werden der stärksten Gruppe neben den Arbeitgebern, den Arbeitnehmern und deren Interessenvertretern, **Partizipationsrechte** gewährt und kooperatives Führungsverhalten angeboten. Auch Mitbestimmung lässt sich hierbei funktional nutzen, indem sie eine Einbindung der Arbeitnehmervertreter in die unternehmerische Verantwortung ermöglicht und somit u. a. die Durchsetzung unpopulärer Entscheidungen erleichtert (Motto: Ihr habt ja mitbestimmt!).

4. **Entlastungsthese**
Durch die Mystifizierung grosser Unternehmer- und Managerpersönlich-

keiten (**charismatische Führer**) wird, ähnlich wie in der Politik, versucht, die für die Mehrheit der Bürger undurchschaubaren Strukturen und Prozesse zu personalisieren, Angst zu reduzieren und Vertrauen zu schaffen. Der sich liberal und dynamisch gebende ‚Wirtschaftskapitän' dient als Aushängeschild und Garant für Fortschritt und als Sinngeber für Schwerverständliches.

Wie in Abbildung 3.3 angedeutet, fallen dem klassischen Unternehmer und seinen Verbänden mehr die nach aussen gerichteten Rechtfertigungsbemühungen zu (Überwinden der Legitimationskrise) und den Managern mehr die nach innen gerichteten (Überwinden der Motivationskrise).

Das nächste Kapitel macht allerdings deutlich, dass im Zuge der Trennung von Eigentum und Management, der Manager mehr und mehr auch die Funktion des klassischen Unternehmers mit übernommen hat. Hierbei kommt ihm zugute, dass er entlastet ist von den zwiespältigen Rollen als Kapitalist und Patriarch, deren Integration zur wichtigsten Aufgabe des klassischen Unternehmers gehörte, und dass er folglich die Ziele der Unternehmung noch konsequenter (zweckrationaler) verfolgen kann.

3. Management als Institution

Im folgenden wird der Frage nachgegangen, welche Personen(-gruppen) die zuvor beschriebenen Managementaufgaben (Management als Funktion) in Unternehmungen wahrnehmen.
Zum Management als Institution zählt der Personenkreis, dem die Ausübung der Managementaufgaben obliegt. Es handelt sich um die Gruppe von Personen, die das Recht besitzt, anderen Weisungen zu geben.
Zum besseren Verständnis der heutigen Situation, in der die vom Eigentümer beauftragten Manager eindeutig dominieren, ist ein Blick auf die **historische Entwicklung** vom Eigentümer-Unternehmer zum Manager unumgänglich.

a) Unternehmer, Manager und leitende Angestellte

In der klassischen Nationalökonomie stehen der **Kapitalist** als Eigentümer der Produktionsmittel, der nur an der Verzinsung seines eingesetzten Kapitals interessiert ist, und die kapitalistische Produktionswirtschaft als Mittel zur Mehrwertaneignung durch den Kapitalisten im Mittelpunkt der Analysen. Vom **Unternehmer** (entrepreneur) ist bis zur Jahrhundertwende, mit Ausnahme etwa von *R. Contillon, J. B. Say* und *J. St. Mill,* kaum die Rede. Es ist vor allem das Verdienst von *Karl Marx* und *Joseph*

A. Schumpeter, darauf hingewiesen zu haben, dass neben der reinen Eigentümerfunktion des Kapitalisten eine Unternehmerfunktion zu unterscheiden ist.

Während der Eigentümer-Kapitalist lediglich das zur Produktion notwendige Kapital zur Verfügung stellt, übt der *fungierende* Kapitalist zusätzlich Funktionen der Direktion, Leitung und Überwachung aus. Diese Funktionen hat der Unternehmer später an einen besonderen Typ von Lohnarbeiter abgetreten, den Manager. Die im Auftrag des Eigentümer-Kapitalisten ausgeübte Oberaufsicht über die Fabrikproduktion hat nach *Marx* eine zweifache Aufgabe: die Kombination der arbeitsteiligen Arbeitsvorgänge und die Kontrolle der Arbeiter zur Sicherung und Steigerung der Ausbeutung. Dieses Phänomen wird später als Doppelnatur des Managements bezeichnet. Damit wird auf die zweifache Funktion von Management verwiesen, nämlich einmal die **Koordination** von arbeitsteiligen Stellen, Abteilungen und Arbeitsprozessen und zum anderen die **Herrschaftssicherung**, die Absicherung und Stabilisierung der Machtposition der Produktionsmittel-Eigentümer gegenüber dem Faktor Arbeit.

Bedeutend intensiver als *Marx* hat sich der österreichische Nationalökonom und Soziologe *Joseph Schumpeter* (1883–1950) mit der Leistung des Unternehmers als ‚Neuerer' auseinandergesetzt. Er nennt solche Wirtschaftssubjekte Unternehmer, deren Funktion in der **Durchsetzung neuer Kombinationen** von Produktionsmitteln besteht. Als neue Kombinationen bezeichnet er

- die Herstellung eines neuen Produkts oder einer neuen Qualität eines Produktes
- die Einführung einer neuen Produktionsmethode
- die Schaffung einer neuen Organisationsform (z. B. Gewinnung einer Monopolstellung durch Bildung von Trusts)
- die Erschliessung neuer Absatzmärkte
- die Erschliessung neuer Beschaffungsmärkte.

An anderer Stelle habe ich diese Funktionen als sporadische (strategische) Managementaufgaben bezeichnet. *Schumpeter* sieht nun im Innovativen, Schöpferisch-Kreativen und Dynamischen besondere Eigenschaften des Unternehmers, die ihn von mehr mit operativen Aufgaben betrauten ‚Nur-Angestellten' unterscheiden. *Schumpeter* wählt entsprechend einen weiten Unternehmerbegriff, der unabhängig vom Eigentum an Produktionsmitteln lediglich nach der ausgeübten Funktion abgrenzt. Demnach ist Unternehmer in seinem Sinne nicht nur der klassische Eigentümer-Unternehmer, sondern dies sind alle mit Top-Managementaufgaben betrauten Organisationsmitglieder, also auch Vorstandsmitglieder und Geschäftsführer.

Diese Begriffsbildung spiegelt eine Entwicklungsstufe wider, die gekennzeichnet ist durch die allmählich aufkommende Trennung von Eigentum und Unternehmungsführung vor allem als Folge der laufend zunehmenden Unternehmungsgrösse, des steigenden Kapitalsbedarfs und, damit zusammenhängend, des Aufkommens der Rechtsform der **Aktiengesellschaft**. Die ständige Ausdehnung der Unternehmungen und die damit verbundene höhere Komplexität der Führungsaufgaben zwangen die Unternehmer als Inhaber oder Hauptkapitalgeber dazu, besonders qualifizierte leitende Angestellte heranzuziehen.

Der zentrale Unterschied zwischen dem Eigentümer-Unternehmer und dem Manager besteht darin, dass letzterer (abgesehen von unbedeutenden Kapital-Beteiligungen) nicht Eigentümer der Produktionsmittel ist, sondern vom Unternehmer angestellte Führungskraft. Anfangs lediglich als Erfüllungsgehilfe des Eigentümers konzipiert, entwickelte der Manager bald, vor allem was die Kombinations- und Koordinationsfunktionen anbetrifft, eigenständige Managementtechniken, die an Hochschulen erlernbar werden.

Die ökonomischen und gesellschaftlichen Bedingungen im ausgehenden letzten Jahrhundert führten vor allem in expandierenden Industrien zu einer drastisch ansteigenden **Nachfrage nach Führungskräften**, die aus dem familiären Umkreis des Unternehmers nicht mehr gedeckt werden konnte. Dieser Trend der Verknappung wurde noch durch die zunehmende Arbeitsteilung zwischen dispositiven Managementaufgaben und operativen Ausführungsaufgaben verstärkt. Andererseits ermöglichte die Professionalisierung der Führungsfunktion durch Forschung und Ausbildung, diesen Bedarf zunehmend aus dem Bereich des unternehmerfernen Bürgertums zu decken.

Neben *Marx* und *Schumpeter* hat sich vor allem der bedeutendste deutsche Soziologe *Max Weber* (1864–1920) mit den Stärken aber auch schon den Schwächen des kapitalistischen Unternehmers auseinandergesetzt. Bei *Weber* lesen wir, dass der **Unternehmer** eine bürgerliche Persönlichkeit ist, die im Sinne protestantischer Ethik (Askese, harte Arbeit, strenge Pflichtauffassung) und im Geist des Kapitalismus sich kämpferisch und mit Erfolg im Wettbewerb behauptet. Der Unternehmer wird zum Inbegriff eines rational handelnden Individuums, das für die unübertroffene Effizienz der kapitalistischen Wirtschaft verantwortlich ist.

Allerdings sieht *Weber* schon damals die Gefahren einer mit der wachsenden Organisationsgrösse zwangsläufig einhergehenden Bürokratisierung der Unternehmungsführung und einer ‚Verbeamtung' der Leitung. *Schumpeter* sieht den schöpferischen Unternehmer immer mehr zugunsten des hochspezialisierten „Büroarbeiters" verschwinden; rationalisierte und bürokratisierte Managementtätigkeiten würden das initiatorische, visionäre Unternehmertum verdrängen.

Der Bankier und Staatsminister *Walther Rathenau* (1867–1922), der auch einige Jahre Präsident der Allgemeinen Electricitätsgesellschaft (AEG) war, hat als einer der ersten erkannt, dass der Einsatz von Kapital und Arbeit in grossen Unternehmungen nicht mehr die Privatangelegenheit einiger weniger Kapitalisten und Eigentümer-Unternehmer ist, sondern ein quasi-öffentlicher Vorgang. Die **Unternehmung an sich** stellt eine gesellschaftliche, der Öffentlichkeit verantwortliche Institution dar. Die Aktiengesellschaft emanzipiert sich von den Aktionären und führt praktisch ein Eigendasein.
Der Eigentümer-Unternehmer wird von den angestellten Generaldirektoren abgelöst; nicht mehr Abstammung und Vermögensbesitz, sondern Wissen und Erfahrung qualifizieren für Management-Positionen.

Auch in den USA war diese Tendenz deutlich zu erkennen. Der amerikanische Soziologe *Thorstein Veblen* (1857–1929) sieht den klassischen US-Kapitalisten zum *Absentee Owner* werden, der dem Handeln der Grossunternehmung von der Ferne zusieht, aber alle Fäden in der Hand behält. Der Manager als sein Statthalter entscheidet und handelt nur im Rahmen vorgezeichneter Richtlinien.

Die **Trennung von Management und Eigentum**, die heute in fast allen mittleren und grossen Unternehmungen anzutreffen ist, hat den Manager als Vertreter einer neuen Berufsgruppe, eines neuen sozialen Standes, hervorgebracht. Diese Tendenz – das Aufkommen der Manager – hat sich zwar bis heute immer stärker fortgesetzt, es ist jedoch keineswegs zu einer *managerial revolution* im Sinne von *Burnham* (1941) gekommen. Der amerikanische Soziologe und Publizist *James Burnham* skizzierte die Vision von einer Übernahme der politischen und sozialen Macht durch die **Klasse der Manager**, die die beiden anderen Klassen, Kapitaleigentümer und Arbeiter, zur Bedeutungslosigkeit verdammen würde. Die allenthalben zu erkennende Trennung von Eigentum und Leitung bzw. Kontrolle habe, so argumentiert er, nur juristische Bedeutung; wer faktisch den Zugang zu den Produktionsmitteln kontrolliere, sei soziologisch gesehen auch deren ‚Eigentümer', und das sind die Manager. *Burnham* unterscheidet vier Funktionen bzw. Rollen, die Personen gegenüber Produktionsmitteln einnehmen können:

1. die technische Leitung und Koordination des Produktionsprozesses *(Rolle des Managers)*
2. die gewinnorientierte Steuerung des Betriebs *(Rolle des Geschäftsführers)*

3. die Kapitelbeschaffung, Kapitalverwendung
(Rolle des Finanzkapitalisten)
4. die Überlassung von Kapital *(Rolle des Eigentümers).*

Funktionen 2 bis 4 sind für den eigentlichen Produktionsprozess, die bedarfsorientierte Leistungserstellung, überflüssig und werden im Laufe der Zeit verschwinden, einschliesslich der Personen(-gruppen), die diese bislang wahrgenommen haben.

Funktion 1 dagegen ist systemindifferent, d. h. in allen denkbaren Wirtschaftssystemen erforderlich. Die Manager als Träger der Funktion 1 werden sich ihres Machtgewinns bewusst (Manager als eigene Klasse) und werden als Anwälte des Staates und der Arbeiter die Managergesellschaft führen.

Burnhams Fehleinschätzung liegt darin, dass die Manager nie eine soziale Klasse mit eigenem Klassenbewusstsein und Klasseninteresse gebildet haben; sie haben nie um die Herrschaft kämpfen müssen, und das wäre die Voraussetzung für eine ‚Managerial Revolution'. Der Manager ist als Teil der Funktionselite eher eine apolitische Konstante auch bei wechselnden politischen Machtverhältnissen. Dies wird uns von den Generaldirektoren der ehemaligen Kombinate nach dem Beitritt der DDR sehr anschaulich vorgeführt.

Wenn in Deutschland vom Manager geredet wird, denkt man abgesehen vom Top-Management als den obersten Führungsorganen vor allem an den **leitenden Angestellten**. Der leitende Angestellte bildet in der hierarchischen Struktur der Unternehmung das Bindeglied zwischen dem obersten Führungsorgan (Vorstand, Geschäftsführung) und den sonstigen Mitarbeitern (Arbeiter, Angestellte). Er steht somit zwischen zwei Fronten, den Kapitaleignern bzw. deren Repräsentanten auf der einen und der Belegschaft auf der anderen Seite. Besondere Relevanz erhält diese Zwitterstellung durch den Umstand, dass der Gesetzgeber von einer Zweiteilung in Arbeitgeber- und Arbeitnehmerseite ausgeht. Der leitende Angestellte muss folglich in kritischen Fällen – insbesondere bei der Ausübung des aktiven und passiven Wahlrechts zum Betriebsrat (Bereich der Betriebsverfassung) und bei der Wahl in den Aufsichtsrat (Bereich der Unternehmungsverfassung) – einer dieser Seiten zugeordnet werden.

Die **Abgrenzung** der leitenden Angestellten wird auch dadurch erschwert, dass die übliche skalare Differenzierung von Führungskräften in Top-, Middle- und Lower-Management heute immer mehr durch eine funktionale Differenzierung ergänzt wird.

Führungsaufgaben wie Planen, Organisieren, Entscheiden und Kontrollieren werden von sehr vielen Mitarbeitern wahrgenommen – nur in unterschiedlichem Ausmass. Das deutsche *Betriebsverfassungsgesetz* von 1972 verbindet in der Abgrenzung des leitenden Angestellten von sonsti-

gen Arbeitnehmern Elemente beider Kriterien. § 5 Abs. 3 dieses Gesetzes lautet:
„Dieses Gesetz findet, soweit in ihm nicht ausdrücklich etwas anderes bestimmt ist, keine Anwendung auf leitende Angestellte, wenn sie nach Dienststellung und Dienstvertrag

1. zur selbständigen Einstellung und Entlassung von im Betrieb oder in der Betriebsabteilung beschäftigen Arbeitnehmer berechtigt sind oder
2. Generalvollmacht oder Prokura haben oder
3. im wesentlichen eigenverantwortliche Aufgaben wahrnehmen, die ihnen regelmässig wegen deren Bedeutung für den Bestand und die Entwicklung des Betriebes im Hinblick auf besondere Erfahrungen und Kenntnisse übertragen werden."

Das Bundesarbeitsgericht in Kassel (BAG) hat in mehreren Prozessen entschieden, dass als leitende Angestellte nur solche Angstellte anzusehen sind, die echte *unternehmerische Funktionen* zu erfüllen haben. Ein Vorschlagsrecht reicht dafür allein nicht aus. Dagegen ist ein massgeblicher Einfluss auf Personalfragen ein wesentliches Merkmal für die Eigenschaft als leitender Angestellter. Auch die Stellung in der Hierarchie ist für den Status als leitender Angestellter allein nicht ausreichend. Es kommt vielmehr im Einzelfall auf die tatsächlich ausgeübten Funktionen an. Mit dieser Auffassung rückt das BAG den leitenden Angestellten in unmittelbare Nähe zum Eigentümer-Unternehmer, dessen Aufgaben er zum grossen Teil wahrnimmt. Auch von der Interessenlage steht er auf dessen Seite, denn das BAG machte die Anerkennung des Leitenden davon abhängig, dass er bei Interessenkonflikten mit den Arbeitnehmern eindeutig auf der Seite des Unternehmers steht; lt. *Mitbestimmungsgesetz* gehört er jedoch zur Arbeitnehmerseite.

Damit kann von einer paritätischen Besetzung des Aufsichtsrates in mitbestimmten Unternehmungen beim besten Willen nicht mehr die Rede sein. Es erscheint folglich angebracht, den leitenden Angestellten in dieser engen Fassung dem Top-Management zuzurechnen. Durch die gesetzliche Institutionalisierung (1989) von **Sprecherausschüssen**, als Interessenvertretungsorgane von leitenden Angestellten in Unternehmungen mit mindestens *zehn* Leitenden, ist der Status dieser Managergruppe noch weiter aufgewertet worden.

b) Manager, Leader und Intrapreneur

Der empirisch zu konstatierende und häufig beklagte Trend vom Manager zum Verwaltungsbeamten ist, wie schon oben erwähnt, frühzeitig von

M. Weber und *J. Schumpeter* erkannt worden. Im Zuge der Kapitalkonzentration entstehen Grossunternehmungen und Konzerne mit grossem Kapitalbedarf (Trend zur anonymen Kapitalgesellschaft), die von angestellten Managern lediglich verwaltet werden. Die dynamischen Unternehmer und die aktiven Eigentümer verschwinden und machen Platz für den **technokratischen Manager** mit Verwaltungsmentalität. Durch die fehlenden Impulse dynamischer, risikofreudiger Unternehmer und die zunehmende **Bürokratisierung** der Unternehmungsführung stagnieren die Unternehmungen in ihrer Entwicklung und Wettbewerbsfähigkeit.

In den USA beklagt der Soziologe *William F. Whyte* (1956) den Trend der Führungskräfte hin zum Typ des Bürokraten oder *organization man,* der kein Risiko eingeht und die Sicherheit grosser, etablierter Organisationen sucht. Der Politologe *Robert B. Reich* (1983) bezeichnet den Typ einer von Bürokraten geführten, besser: verwalteten Unternehmung treffend als *paper entrepreneurism.* Im paper entrepreneurism dominiert die Bürokratie; Ziel ist die Bewahrung des Erreichten durch Standardisierung, Programmierung und Rationalisierung. Der Manager strebt nach persönlicher Sicherheit und Überleben in einer grossen Organisation. Aufgrund fehlender persönlicher Ausstrahlung, Visionen und mitreissender Ideen gestaltet sich die Führungs- und Motivationsaufgabe als äusserst schwierig: transaktionale Führung dominiert, d. h. Manager tauschen Anerkennung und Belohnung gegen Leistung (Arbeit). Der Manager des paper entrepreneurism ist **Sozialingenieur**, der Human Relations-Techniken und Human Resources-Techniken einsetzt, um aus Arbeitskräften Arbeit zu destillieren. Aufgrund der auch im Management immer weiter vorangetriebenen Arbeitsteilung kommt es so auch zu einer **Taylorisierung der Eigenverantwortung**, des ethischen Korrelates zur Macht. Das allenthalben beklagte Defizit an Moral im Management, an sozial und ökologisch verantwortungsvollem unternehmerischem Handeln bildet neben dem Abhandenkommen von sozio-emotionaler Ausstrahlung, Kreativität und Risikofreude einen der schwerwiegendsten Vorwürfe an das heutige Managertum.

Zur Beseitigung dieser Defizite empfehlen Managementautoren in den letzten Jahren verstärkt eine Hinwendung zum **Leader**; eine Wiederentdeckung von Eigenschaftstheorien der Führung, des *great man* mit Charisma, bahnt sich an. Durch die Überbetonung rationaler, kognitiver Rollen-Elemente in der Managementausbildung seien eher technokratische Manager denn Führer ausgebildet worden. Der amerikanische Führungsforscher *Abraham Zaleznik* hat als einer der ersten auf die fundamentalen Unterschiede zwischen beiden Rollen (managers und leaders) hingewiesen. Der Manager hat seiner Auffassung nach eine eher unpersönliche, distanzierte Einstellung gegenüber den Unternehmungszielen, bevorzugt bekannte Problemlösungen (inkrementales Vorgehen), sieht in Kollegen und Mitarbeitern lediglich Funktionsträger. Führer sind dagegen von neuen Ideen zu begeistern, arbeiten mit Visionen, sind risikofreudig, haben eine empathische Einstellung zu ihren Mitarbeitern, treiben Veränderungen voran. Das Vertrauen des modernen Managers in Teamarbeit und Managementtechniken bezeichnet *Zaleznik* (1989) als *‚managerial mystique'*, und er fordert eine Rückbesinnung auf individuelles Führertum. *Bennis* und *Nanus* (1985) haben den Unterschied auf die einfache Formel gebracht: Managers do things right, leaders do the right things, d. h. Manager erledigen die Aufgaben richtig, Leader erledigen die richtigen Aufgaben. US-amerikanische Unternehmungen seien *overmanaged* und *under-led. Bennis* und *Nanus* favorisieren konsequenterweise den transformativen Führer gegenüber dem transaktionalen. Die Unterscheidung von transaktionaler und **transformativer Führung** geht auf den Politologen und Historiker *James M. Burns* (1978) zurück, der politische Führer (z. B. amerikanische Präsidenten) dann als transformative bezeichnet, wenn sie Veränderungen (Transformationen) ankündigen und herbeiführen, selbst auf die Gefahr hin, dass diese den aktuellen Bedürfnissen der Wähler entgegenstehen, sie also mit Stimmverlusten rechnen müssen. Bei **transaktionaler Führung** tauschen Führer und Geführte Anerkennung und Belohnung gegen Leistung. Eine Veränderung des Status quo ist damit nicht möglich. Der transformative Führer geht nicht (allein) von den unmittelbar geäusserten Bedürfnissen und Erwartungen der Geführten aus, sondern fördert neue Bedürfnisse und Anspruchniveaus, Selbstentwicklung und -bestimmung; er stellt Tabus in Frage und führt Veränderungen in der Organisationskultur herbei. Charismatische, transformative Führer agieren als sinnvermittelnde soziale Architekten, verpflichten Mitarbeiter zu eigenständigem Handeln und verwandeln Geführte in Führer.

Ein weiterer Ansatz zur Korrektur der oben beschriebenen Fehlentwicklungen besteht in dem Vorschlag, aus dem Manager einen Klein-Unternehmer im Unternehmen zu machen, um damit die anfangs spezifizierten Unternehmerfunktionen wieder in den Aufgabenbereich des Managers zu integrieren.

Der amerikanische Managementberater *Gifford Pinchot* (1985) hat für diesen neuen Managertyp den Begriff **Intrapreneur** geprägt. Nun wird häufig übersehen, dass ein Entrepreneur sich nur in einem für seine Fähigkeiten und Bedürfnisse förderlichen organisatorischen Umfeld, der *entrepreneurial organization,* entfalten und erfolgreich sein kann. In Analogie hierzu benötigt der Intrapreneur ein *intraprise,* ein relativ autonomes Unternehmen im Unternehmen. Das für intrapreneurs förderliche Umfeld ist eine überschaubare, flexible Organisationseinheit mit wenig formalen Regeln und Programmen. Sie fördert Innovation, Vertrauen, Risikobereitschaft und Leistungsorientierung. Wir finden solche Bedingungen meist nur bei Unternehmensneugründungen in der sogenannten Pionierphase, aber keineswegs in verkrusteten, bürokratischen Grossunternehmungen. Wenn man nun den heutigen Grossunternehmungen als Rezept gegen Erstarrung (Formalisierung und Bürokratisierung), Kommunikationsbarrieren, Koordinationsmängel und Misstrauensorganisation ein *intrapreneurship* sensu *Pinchot* verordnet, müssen entsprechend organisationsstrukturelle und -kulturelle sowie personelle Voraussetzungen geschaffen werden. Organisationsberater beschränken ihre Therapievorschläge jedoch meist nur auf die **Organisationsstruktur**, indem sie die Einrichtung von strategischen Geschäftseinheiten nach dem Profit Center-Konzept vorschlagen, wie in den 60er und 70er Jahren, oder für unternehmerisch geführte Business Units eintreten, wie in den 80er und 90er Jahren. Sollte dies an der betrieblichen Realität von Bürokratie und Mikropolitik scheitern, wird von ihnen vorgeschlagen, die notwendigen Bedingungen kleiner, überschaubarer Einheiten durch Spin-offs oder New Ventures herzustellen.

Insgesamt unterschätzen die Vertreter des Intrapreneurship die Notwendigkeit, die für unternehmerisches Handeln komplementären Organisations- und Arbeitsbedingungen zu schaffen. Durch strukturelle Massnahmen allein ändert sich jedoch kein Managerverhalten; die **Managementphilosophie** muss sich gleichfalls ändern, will man dem Intrapreneurship eine Chance geben.

Das ganzheitliche Konzept eines *collective entrepreneurialism* von *Reich* (1987) könnte eine solche Philosophie darstellen. Es fordert ein enges **Netzwerk von Managern**, die als *Kollektiv* (mit kollektivem Commitment und kollektiver Verantwortung) unternehmerisch handeln. Der Übergang zu einer hierfür notwendigen Vertrauensorganisation, Betriebsgemeinschaft oder Unternehmungskultur soll über Konzepte der materiellen und immateriellen Beteiligung der Organisationsmitglieder erfolgen. Das Konzept von *Reich* stellt somit keinen Rückfall in das Zeitalter der charismatischen Führerpersönlichkeit, des einsame Führungsentscheidungen treffenden (Klein-)Unternehmers dar, sondern nutzt die für eine erfolgreiche Unternehmungsführung unverzichtbaren Qualitäten eines professionellen Managements synergetisch. Innovation und Kreativität entstehen demnach kollektiv und inkremental aus dem kumulierten Wissen und der kumulierten Erfahrung eines Netzwerks vertrauensvoll zusammenarbeitender Manager.

4. Ansätze der Managementforschung

a) Funktionen

Sowohl in der anglo-amerikanischen als auch in der deutschsprachigen Managementliteratur dominiert nach wie vor die Anfang dieses Jahrhunderts von dem französischen Ingenieur *Henry Fayol* begründete funktionalistische Sichtweise des Managements. *Fayol* (1916) meint aufgrund seiner Erfahrungen, Management als Bündel universell nachweisbarer Funktionen in allen Organisationen erkennen zu können. Dabei umfasst die Funktionsgruppe *,opérations administratives'*, heute als **Managementfunktionen** bezeichnet, die Teilbereiche

- Vorschau und Planung *(prévoir)*
- Organisation *(organiser)*
- Leitung *(commander)*
- Koordination *(coordonner)* und
- Kontrolle *(contrôler)*.

Der amerikanische Managementforscher *Luther Gulick* hat diese Einteilung modifiziert und erweitert (Planning, Organizing, Staffing, Directing, Coordinating, Reporting, Budgeting = **POSDCORB**) und damit die weitere Inhaltsbestimmung von Management in den USA beeinflusst.
In der deutsprachigen Managementliteratur werden die Managementfunktionen weiter untergliedert, und zwar in *sachbezogene* (z. B. Planung, Organisation, Kontrolle) und *personenbezogene* Funktionen (Personalführung).

Unter der personenbezogenen Komponente des Managements wird Personalführung, d. h. im weitesten Sinne die zielorientierte personale Beeinflussung menschlichen Verhaltens und alle damit zusammenhängenden Probleme, wie Motivation, Gruppenführung, Machtausübung, Konfliktlösung, soziale Kontrolle verstanden.

Bei dieser dualen Aufteilung darf nicht übersehen werden, dass die Trennung in sach- und personenbezogene Komponenten nur analytischen Charakter haben kann, denn in der Realität ist stets eine enge Verwobenheit von Sach- und Personenorientierung festzustellen. Gerade in diesem letzten Punkt, der mangelnden Realitätsnähe und fehlenden empirischen Fundierung, hat sich die **Kritik** an den analytisch-funktionsorientierten Ansätzen entzündet.
So wird die Aussage, dass Manager planen, organisieren, entscheiden, führen und kontrollieren, als nicht sehr erhellend und darüber hinaus auch nicht empirisch beobachtbar angesehen.

Die Vertreter des nachfolgend dargestellten Ansatzes fragen dagegen konkret: Was tun Manager und Managerinnen eigentlich den ganzen Tag?

b) Tätigkeiten

Im Gegensatz zum analytisch-funktionsorientierten Ansatz erheben Vertreter des tätigkeitsorientierten Ansatzes die Aktivitäten der Akteure vor Ort.

Vor allem der kanadische Managementforscher *Henry Mintzberg* (1973) kritisiert die analytisch gebildeten funktionalen Managementfunktionen und die aufgrund von Selbsteinschätzungen gewonnenen institutionalen Managementabgrenzungen. Er stellt sich die konkret Frage, ‚Was tun Manager eigentlich?', und hofft aufgrund empirischer Erhebungen von **Managertätigkeiten** zu einer Funktionsbeschreibung des Managements zu kommen. Aufgrund von Beobachtungen von fünf Top Manangern in fünf amerikanischen Unternehmungen kommt er zu dem Ergebnis, dass die Arbeit des Managers anhand zehn beobachtbarer **Rollen** beschrieben werden kann:

● Repräsentant ● Führer ● Koordinator	Interpersonale Rollen
● Informationssammler ● Informationsverteiler ● Informant externer Gruppen	Informationelle Rollen
● Unternehmer ● Krisenmanager ● Ressourcenzuteiler ● Verhandlungsführer	Entscheidungsrollen

Ein Vergleich mit den analytisch gewonnenen Funktionsbeschreibungen des Managements (etwa durch *Fayol*) macht deutlich, dass in der Realität stärker kommunikative, interpersonale Akivitäten feststellbar sind als die mehr sachbezogenen Funktionsbeschreibungen des Managements in der Literatur vermuten lassen. Dies ist ein deutlicher empirischer Beleg für die Notwendigkeit einer *verhaltenswissenschaftlichen* Managementlehre.

Eine wichtige Erkenntnis der *Mintzberg*-Studie ist die Feststellung, dass Managementaktivitäten kurz, abwechslungsreich und stark fragmentiert sind. Etwa die Hälfte der Aktivitäten dauerte weniger als neun Minuten; nur 10% dauern länger als eine Stunde. Manager bevorzugen eindeutig die mündliche direkte Kommunikation.

Ein zentrales Problem dieser Berufsgruppe besteht ganz offensichtlich darin, sich rasch auf wechselnde Situationen, auf neue Rollenanforderungen einstellen zu müssen, dabei aber ihre Identität und unverwechselbaren Persönlichkeitsmerkmale nicht zu verlieren.
In Anlehnung an *Neuberger* (1990) lassen sich die wichtigsten empirischen Ergebnisse dieser Forschungsrichtung zusammenfassen:

- Der Manager hat keinen festen Arbeitsplatz
- Der Manager ist mehr als nur Führer (vgl. die zehn *Mintzberg*-Rollen)
- Der Manager kommuniziert hauptsächlich mündlich, er lebt von sozialen Kontakten (der Manager ist weniger als ein Fünftel der Arbeitszeit allein)
- Kontakte mit Untergebenen dominieren, es folgen Beziehungen zu Kollegen und Vorgesetzten
- Der Arbeitstag des Managers ist äusserst zerstückelt, setzt sich aus vielen kurzen, meist ungeplanten Episoden zusammen
- Der Arbeitsablauf ist folglich durch häufige Unterbrechungen gekennzeichnet, was nur kurzzyklische Arbeitsakte erlaubt.

c) Personen

Als Vorläufer grosszahliger empirischer Erhebungen zur Identifikation von Realtypen findet die **Bildung von Idealtypen** als methodischer Ansatz in den Sozialwissenschaften breite Verwendung.
Beispielhaft für diese Vorgehensweise ist die Typologie des Bankers *Siegfried Cassier* (1962), der verschiedene soziale Typen an der Spitze deutscher Grossunternehmungen nach den Gründen für ihre Anwesenheit in der Leitung klassifiziert, und zwar unabhängig davon, ob sie zugleich Eigentümer sind oder nicht:

1. Der Typ des **Fachmanns**
   Legitimation: besondere fachliche Qualifikation, und zwar aufgrund von
   - Intelligenz
   - Erfahrung und Anciennität
   - angeborener Entschlusskraft

2. Der Typ des **Nepos**
   Legitimation: Kapitalerbe, Familienexponent

3. Der Typ des **Bezugsgruppen-Anwalts**
   Legitimation: Interessenvertretung
   a) Bankenvertreter
   b) Marktpartner (Abnehmer, Lieferanten)
   c) Eigentümervertreter

d) Arbeitnehmervertreter
e) Öffentlichkeitsvertreter (z. B. im Montanbereich).

Heute ist die Bedeutung des Nepotismus im Top-Management auf eine zu vernachlässigende Erscheinung des Wirtschaftslebens (wohlgemerkt in Grossunternehmungen) geschrumpft, während der Fachmann als gut ausgebildeter professioneller Manager sich zum dominierenden Typ herausgebildet hat.

Etwas abstrakter und insofern zeitloser ist die Typologie der Anpassung von Organisationsmitgliedern an bürokratische Grossorganisationen, wie sie von dem amerikanischen Soziologen *Robert Presthus* (1962) vorliegt:

- der **Aufsteigende**
  Er erfüllt die Erwartungen und Anforderungen der Organisation voll und ganz. Er ist der autoritäre, extrovertierte, pragmatische Manager, der nach Anerkennung, Beförderung und Prestige strebt. Dafür bietet er Loyalität und Konformität. Er verbindet ein starkes Bedürfnis zu herrschen mit einem ebensolchen Ziel, sich unterzuordnen. Er ist der ‚ideale' Vorgesetzte mit grossem Geschick im Manipulieren menschlicher Beziehungen.

- der **Indifferente**
  Er ist im Gegensatz zum Aufsteiger nicht angepasst. Er strebt nach Bedürfnissen, deren Befriedigung ihm grosse Organisationen nicht bieten können. Deshalb arbeitet er lediglich, um seinen Lebensunterhalt zu verdienen, und weicht sonst in die Freizeit aus. Ihn plagt kein Ehrgeiz, kein Streben nach Status und Autorität. Die in der Organisation erlebte Frustration führt bei ihm nicht zur Auflehnung (Aggression), sondern zur Resignation (Indifferenz). Der Indifferente sucht den Sinn seines Lebens ausserhalb der Arbeit; es erfolgt eine Interessenverschiebung von der Produktion (Tun) zum Konsum (Geniessen).

- der **Ambivalente**
  Er repräsentiert das Gegenteils zum Aufsteiger; er ist der introvertierte, idealistische Erfindertyp, der nur Expertenwissen und Leistung nicht aber formale Autorität anerkennt. Sein ungeschicktes Verhalten Mitarbeitern gegenüber prädestiniert ihn nicht für Führungspositionen. Wir finden ihn deshalb eher als Spezialisten in Stabsstellen, als Berater oder Forscher. Er befindet sich in einem ständigen Konflikt zwischen seinem Berufsethos und den Organisationszielen, zwischen seinem Unabhängigkeitsstreben und den Erfordernissen zweckrationaler Organisation. Der Ausweg in die Indifferenz ist ihm versperrt, da er nicht wie der Indifferente aus der Unterschicht stammt, sondern aus oberen sozialen Schichten, in denen Ehrgeiz kultiviert wird.

An der Typologie von *Presthus* wird kritisiert, dass sie zum einen unvollständig sei, z. B. fehle der in Deutschland typische ‚brave Beamte', zum anderen stelle sie zu sehr auf Persönlichkeitseigenschaften und zu wenig auf situative Erfordernisse ab.

Unter den **empirischen Untersuchungen** zum Bild des Managers ist vor allem die Studie der deutschen Soziologen *Pross* und *Boetticher* (1971) zu nennen. Die Befunde beruhen auf einer schriftlichen Befragung von leitenden Angestellten (Vorstandsmitglieder, Geschäftsführer, Direktoren, Betriebsleiter, Generalbevollmächtigte, Prokuristen) in 13 grossen Kapitalgesellschaften (Untersuchungszeitraum 1965–1968) und erlaubten Aussagen zu folgenden Punkten: Lebensweise, soziale Herkunft, Ausbildung, Karriere, Entscheidungsstile, soziale Selbsteinschätzung.

Im Kontext dieser Abhandlung interessieren vor allem folgende Ergebnisse:

- jeder zweite leitende Angestellte ist in einer Familie der oberen Mittelschicht oder der Oberschicht aufgewachsen; die anderen stammen aus der unteren Mittelschicht, nur 5% kommen aus der Unterschicht
- zwei Drittel der leitenden Angestellen haben eine wissenschaftliche Hochschule besucht (Trend zur Akademisierung des Top-Managements)
- die Karriere verläuft gradlinig in dem einmal gewählten Wirtschaftszweig/Unternehmen (kaum horizontale Mobilität)
- Teamarbeit und Delegation von Verantwortung werden als selbstverständlich angenommen
- nur 15% der leitenden Angestellten sind der Auffassung, dass der Eigentümer-Unternehmer besser zu wirtschaften vermöge als der angestellte Manager
- das Interesse der leitenden Angestellten an der Bewahrung und dem Ausbau ihrer privilegierten sozialen Position motiviert sie zur Parteinahme für die kapitalistische Wirtschaftsordnung.

Die jüngsten Daten zur Person des Managers liegen von den Soziologen *Eberwein* und *Tholen* (1990) aus einem Forschungsprojekt über die „Unternehmensleitung als Funktion und Beruf" vor. Zwischen 1988 und 1989 haben sie 111 qualitative Interviews mit Managern der obersten beiden Führungsebenen aus 35 Industrieunternehmungen überwiegend in Norddeutschland geführt. Die Befragten waren ausschliesslich Männer zwischen 40 und 59 Jahren, zu 82% mit akademischer Ausbildung und überwiegend der Einkommensklasse 100000 bis 300000 DM zugehörig. Repräsentativität war nicht angestrebt und mit diesem Sample auch nicht erreichbar.

Im Kontext dieser Abhandlung interessieren vor allem folgende Ergebnisse:

- der Anteil der Arbeiterkinder unter den Managern liegt jetzt bei 11,7% (gegenüber 5% bei *Pross/Boetticher*)
- 20,7% sind Kinder von Beamten
- es lässt sich eine Dreiteilung der Berufsverläufe erkennen
  - Eigentümer-Unternehmer (Gründer, Erben; 2%)
  - Seiteneinsteiger (Funktionäre, Wissenschaftler, Politiker; 9%)
  - gelernte Manager (89%)
- von den gelernten Managern entfallen etwa 60% auf Industriebürokraten (Laufbahn in *einem* Unternehmen) und 40% auf Wechsler
- 12% der Manager bescheinigen sich selbst eine Verwalter-Mentalität und 42% sagen, dass ein Manager eine Fülle von Verwaltungsaufgaben zu erledigen hat
- 26% der Befragten sehen keinen Unterschied zwischen Eigentümer-Unternehmern und angestellten Managern; 20% glauben, dass ein Manager professioneller handelt
- ähnlich wie die *Pross/Boetticher*-Studie belegt auch diese Untersuchung, dass Manager ein sehr distanziertes Verhältnis zur Politik haben.

In bezug auf das weiter vorn angesprochene **Wertsystem der Manager** ist die internationale Erhebung des amerikanischen Werteforschers *George England* (1975) von besonderem Interesse. Bei der Erhebung des Wertsystems (relativ überdauerndes Wahrnehmungsmuster, das das individuelle Verhalten prägt) von über 2500 Managern in fünf Ländern (USA, Japan, Korea, Indien, Australien) kommt er zu folgenden Ergebnissen:

- es bestehen grosse Unterschiede zwischen den Wertsystemen der Manager aus verschiedenen Ländern und der Manager aus verschiedenen Organisationen innerhalb eines Landes
- die persönlichen Wertsysteme der Manager sind relativ stabil
- die jeweiligen Wertsysteme beeinflussen das Verhalten der Manager am Arbeitsplatz
- das Wertsystem beeinflusst die Karriere des Managers (erfolgreiche Manager bevorzugen pragmatische, dynamische, leistungsorientierte Werte).

Trotz erheblicher Unterschiede in den Wertsystemen der Manager ist überall eine hohe karriereorientierte **Leistungsmotivation** Voraussetzung für einen erfolgreichen Manager. Manager weisen auch im internationalen Vergleich eine signifikant höhere Leistungsmotivation auf als andere Berufsgruppen mit vergleichbarer Ausbildung.

d) Ebenen

Managementfunktionen werden auf allen Ebenen der Unternehmung ausgeübt

- Top Management
- Mittleres Management
- Unteres Management.

Das **untere Management** stellt die Nahtstelle zwischen den Managementpositionen und den allein ausführend tätigen Mitarbeitern dar. Typisch hierfür ist die Position des Meisters. Dessen Orientierung ist weniger nach oben als nach unten ausgerichtet, zur Gruppe der Arbeiter, aus der er häufig ohne manageriale Qualifizierung befördert wurde. Dem Funktionswandel des Meisters im Zuge technologischer und sozialer Veränderungen im Industriebetrieb (Meisterkrise) wird seit den 50er Jahren starke Aufmerksamkeit geschenkt. Im Verwaltungsbereich ist heute der Gruppenleiter aufgrund neuer Informations- und Kommunikationstechniken einem ähnlich gravierenden Funktionswandel unterworfen.
Das **mittlere Management** ist dagegen nach oben orientiert, und zwar mit eindeutigen Karriereerwartungen. Der Mittel-Manager stammt aus einer ganz anderen sozialen Schicht als der untere, ist besser ausgebildet und eher aufstiegsmotiviert. Seine zentrale Aufgabe besteht darin, Ziele und unternehmungspolitische Entscheidungen in Programme, Regeln und konkrete Vorgaben zu übersetzen und deren Einhaltung/Ausführung zu überwachen. Hierzu sind neben technischen auch erhebliche soziale Qualifikationen erforderlich.
Das **obere Management** trifft die zentralen unternehmungspolitischen Entscheidungen. *Gutenberg* (1962) hat zur Kennzeichnung des Aufgabenbereichs des oberen Managements einen Katalog echter *Führungsentscheidungen* formuliert:

- Festlegung der Unternehmenspolitik auf weite Sicht
- Koordinierung der grossen betrieblichen Teilbereiche
- Beseitigung von Störungen im laufenden Betriebsprozess
- Geschäftliche Massnahmen von aussergewöhnlicher betrieblicher Bedeutsamkeit
- Besetzung der Führungsstellen im Unternehmen.

Zum oberen Management unterhalb der Geschäftsleitung zählen die **leitenden Angestellten** nach § 5 Abs. 3 BetrVG sowie die leitenden Angestellten im weiteren Sinne, die auch arbeitgeberähnliche Aufgaben wahrnehmen.
Neben den echt leitenden Angestellten sind die **Angestellten mit Leitungsaufgaben** auf den unteren und mittleren Managementebenen zu un-

terscheiden. Diese befinden sich in dem gleichen Abhängigkeitsverhältnis wie ausführend tätige Mitarbeiter, so dass von einer Sonderstellung – ausser der höheren Bezahlung – keine Rede sein kann.
Mintzberg (1979) hat eine funktionale mit einer ebenenspezifischen Gliederung des Managements kombiniert. Unternehmungen weisen zumindest fünf Grundbausteine auf, die in ihrer Zusammensetzung, Grösse und Bedeutung von Fall zu Fall zwar variieren können, dies aber nur im Rahmen eines konsistenten Musters (vgl. Abb. 3.4).

1. Der **operative Kern** befasst sich mit der Transformation von input in output sowie allen damit unmittelbar zusammenhängenden Vorgängen (z. B. Einkauf, Verkauf, Wartungsarbeiten). *Typische Mitarbeiter* sind: Facharbeiter, Monteure, Einkäufer, Vertreter, Kraftfahrer.
2. Die **strategische Spitze** befasst sich mit der Gestaltung der Innen- und Aussenbeziehungen (z. B. strategische Planung, Investitionsentschei-

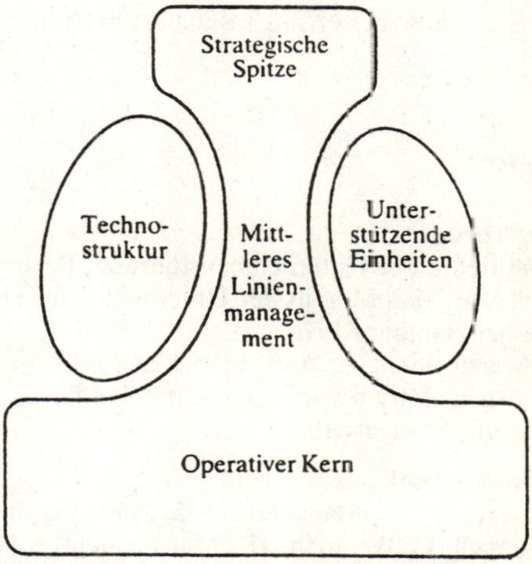

Abb. 3.4: Die fünf Grundbausteine einer Organisation (*Mintzberg* 1979, S. 20)

dungen, Organisationsstrukturveränderungen, Fusionen). *Typische Mitarbeiter* sind: Geschäftsführer, Vorstandsmitglieder, Direktoren.
3. Das **mittlere Linienmanagement** befasst sich mit der Abstimmung zwischen Top Management und operativem Kern (z. B. Durchsetzung von Entscheidungen des Top Managements und dessen Information über Ergebnisse, Koordination und Kontrolle der Arbeiten im opera-

tiven Kern). *Typische Mitarbeiter* sind: Mittlere und untere Manager mit Personalführungsverantwortung.

4. Die **Technostruktur** befasst sich damit, die Arbeit in den bislang beschriebenen Bereichen effektiver zu gestalten (z. B. durch Standardisierung, Programmierung, Arbeitsvorbereitung, Qualitätskontrollen, Weiterbildung). *Typische Mitarbeiter* sind: Operations Researcher, Refa-Ingenieure, Trainer.
5. Die **unterstützenden Einheiten** befassen sich nur indirekt mit dem Transformationsprozess. Sie helfen allen anderen Bereichen durch das Angebot bestimmter Dienste (z. B. Cafeteria, Rechtsberatung, Öffentlichkeitsarbeit, Grundlagenforschung). *Typische Mitarbeiter* sind: Forscher, Steuerberater, Juristen.

Die Bereiche 1 bis 3 werden durch die Hierarchie (Einliniensystem) verbunden und die Bereiche 4 und 5 als Stäbe angehängt (Stab-Liniensystem). Manager finden sich in den Bereichen 2 bis 5; Top Manager nur in 2, mittlere Manager in 3, 4 und 5. In 2 finden sich lediglich Linienmanager, in 4 und 5 Stabsmitarbeiter mit Managerfunktionen.

Literaturhinweise

Zu 1: **Begriffsabgrenzung**

Beyer, H. T., Die Lehre der Unternehmensführung, Berlin 1970

Bleicher, K./Meyer, E., Führung in der Unternehmung: Formen und Modelle, Reinbek bei Hamburg 1976

Staehle, W. H., Management, 6. Aufl. München 1991

Wunderer, R. (Hrsg.), Betriebswirtschaftslehre als Management- und Führungslehre, 2. Aufl. Stuttgart 1988

Zu 2: **Management als Funktion**

Hellriegel, D./Slocum, J. W., Management, 5. Aufl. Reading, Mass. 1989

Koontz, H./O'Donnell, C./Weihrich, H., Management, 8. Aufl. New York etc. 1984

Staehle, W. H., Management, 6. Aufl. München 1991

Steinmann, H./Schreyögg, G., Management, Wiesbaden 1990

Türk, K., Personalführung und soziale Kontrolle, Stuttgart 1981

Zu 3: **Management als Institution**

Bennis, W. G./Nanus, B., Leaders: The Strategies for Taking Charge, New York etc. 1985; deutsch: Führungskräfte, Frankfurt/New York 1987

Burnham, J., The Managerial Revolution, New York 1941; deutsch: Das Regime der Manager, Stuttgart 1949

Burns, J. M., Leadership, New York 1978

Marx, K., Das Kapital, Bd. 3, MEW 25, Berlin (Ost) 1964

Pinchot, G. Intrapreneuring, New York 1985; deutsch: Intrapreneuring, Wiesbaden 1988

Rathenau, W., Vom Aktienwesen – eine geschäftliche Betrachtung, Berlin 1918

Reich, R. B., Tales of a new America, New York/Toronto 1987

Schumpeter, J. A., Theorie der wirtschaftlichen Entwicklung, Berlin 1911

Schumpeter, J. A., Kapitalismus, Sozialismus, Demokratie, 2. Aufl., Berlin 1950

Veblen, Th., Absentee Ownership and Business Enterprise in Recent Times, London 1924

Weber, M., Wirtschaft und Gesellschaft, 1921, 5. Aufl., Tübingen 1972

Whyte, W. F., The Organisation Man, New York 1956

Zaleznik, A., The Managerial Mystique, New York 1989; deutsch: Führen ist besser als managen, Freiburg 1990

Zu 4: **Ansätze der Managementforschung**

Cassier, S. C., Wer bestimmt die Geschäftspolitik der Grossunternehmen? – Das Verhältnis zwischen Kapitaleigentum und Entscheidungsmacht, Frankfurt/M. 1962

Eberwein, W./Tholen, J., Managermentalität,Frankfurt/M. 1990

England, G. W., The Manager and his Values, Cambridge, Mass. 1975

Fayol, H., Administration industrielle et générale, Paris 1916

Gutenberg, E., Unternehmensführung: Organisation und Entscheidungen, Wiesbaden 1962

Mintzberg, H., The Nature of Managerial Work, New York etc. 1973

Mintzberg, H., The Structuring of Organizations, Englewood Cliffs, N. J. 1979

Neuberger, O., Führen und geführt werden, 3. Aufl., Stuttgart 1990

Presthus, R., The Organizational Society, New York 1962; deutsch: Individuum und Organisation: Typologie der Anpassung, Frankfurt/M. 1966

Pross, H./Boetticher, K. W., Manager des Kapitalismus – Untersuchung über leitende Angestellte in Grossunternehmen, Frankfurt/M. 1971

Kapitel IV: Strukturierung als sporadische Managementaufgabe

In jeder Unternehmung müssen bei der Gründung und im späteren Leben von Zeit zu Zeit Entscheidungen von aussergewöhnlicher Bedeutsamkeit getroffen werden. Diese für die Unternehmung konstitutiven Entscheidungen legen mittel- bis langfristig den Rahmen fest, in dem sich das Alltags-Management abspielt. Zu solchen *sporadischen* Managementaufgaben zählen z. B.

- Gründung und Errichtung, Umwandlung und Umgründung, Kapitalerhöhung und -herabsetzung, Fusion und Entflechtung, Sanierung, Liquidation und Auseinandersetzung, Stillegung und Verlegung
- Wahl der Rechts- und Unternehmungsform (Personengesellschaft – Kapitalgesellschaft), Beteiligungen
- Wahl des Standorts (innerbetrieblich, regional, überregional, international), Entscheidung über Betriebsgrösse
- Entwicklung einer Unternehmungsstrategie
- Entscheidungen über langfristige Investitions-, Produktions-, Forschungs- und Entwicklungs-Programme
- Wahl der Beschaffungs- und Absatzwege
- Besetzung von Top Management-Positionen, Personalentwicklung
- Organisation bzw. Reorganisation von Teilen oder der gesamten Unternehmung.

Diesem letzten Entscheidungsbereich kommt insofern besondere Bedeutung zu, als durch die Organisationsstruktur die arbeitsteilige Aufgabenerfüllung und durch die Machtstruktur die personalen Abhängigkeitsverhältnisse für einen längeren Zeitraum festgelegt werden. Die Arbeitsteilung und die häufig damit verbundene Sinnentleerung der Arbeit sowie die ungleichen Machtverhältnisse bilden die Ursache für eine Vielzahl von Koordinationsproblemen, die dann Gegenstand des *laufenden* Managements sind.

Was die Träger der Managementaufgaben anbetrifft, lässt sich feststellen, dass *sporadische* Managementaufgaben wegen ihrer ausserordentlichen Bedeutsamkeit für die gesamte Unternehmung in **Entscheidungsgremien** (Vorstand, Aufsichtsrat, Geschäftsleitung) gefällt werden und

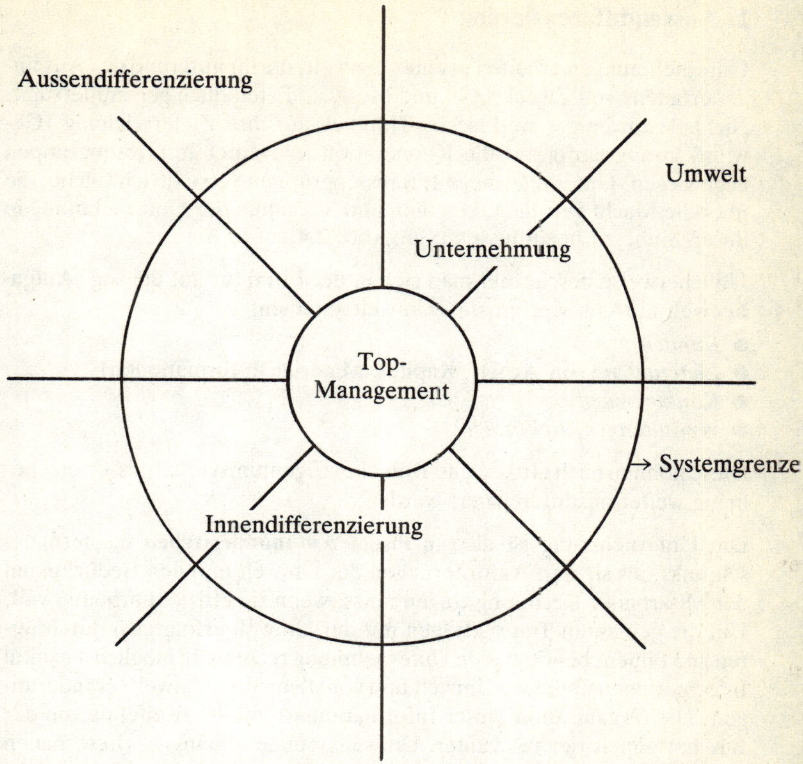

Abbildung 4.1: Aussen- und Innendifferenzierung

z. T. mitbestimmungspflichtig sind, während die *laufenden* Managementaufgaben eher von **Einzelpersonen,** eben den Managern, wahrgenommen werden. Solche Manager finden sich nicht nur im Top-Management, sondern hierzu zählen alle Mitarbeiter, die vorwiegend dispositive Tätigkeiten ausüben und über gewisse Entscheidungsmacht verfügen.

Die zentrale Aufgabe eines Managements von Strukturen sehe ich darin, die Organisationselemente Aufgaben, Informationen und Macht auf die Strukturträger Mensch und Maschine zu verteilen (Differenzierung).

Dabei geht sachlogisch der **Innendifferenzierung** (Arbeitsteilung und Stellenbildung) eine **Aussendifferenzierung** der Umwelt voraus (vgl. Abb. 4.1).

1. Aussendifferenzierung

Unternehmungen arbeiten in einer Umwelt, die ihr aufgrund des Auseinanderfallens von Zweck, Ziel und Motiv z. T. feindlich gegenübersteht. Nichtsdestoweniger sind sie im Hinblick auf ihre Zielerreichung (Gewinn) zwangsläufig auf die Kooperation relevanter Interessengruppen angewiesen. Unter *relevanten* Interessengruppen verstehe ich solche, die über die Macht verfügen, Handeln und Verhalten der Unternehmung in ihrem Sinne zu beeinflussen (vgl. Abb. 2.4 auf S. 61).

Üblicherweise beschränkt man sich in der Literatur auf die sog. **Aufgabenwelt** mit den vier grossen Umweltsystemen:

- *Kunden*
- *Lieferanten* (von Arbeit, Kapital, Material, Informationen)
- *Konkurrenten*
- *Verwaltungen, Behörden.*

Diese können nach Grösse und Branche, Eigentumsverhältnissen etc. beliebig weiter ausdifferenziert werden.

Die Unternehmung ist also in ihrem **Autonomiestreben** insofern beschränkt, als sie den Anforderungen der Umwelt und den Bedürfnissen der Mitarbeiter Rechnung tragen muss, wenn sie effizient arbeiten will. Um die geplanten Transaktionen mit der Umwelt erfolgreich durchführen zu können, benötigt jede Unternehmung rechtzeitig möglichst exakte Informationen über ihre Umwelt und vor allem über Umweltveränderungen. Die Organisation dieser Informationsströme ist zweifellos von der Beschaffenheit der relevanten Umweltsysteme abhängig. Diese haben sich im Zuge der gesellschaftlichen Entwicklung immer weiter ausdifferenziert, sind komplexer und dynamischer geworden, so dass der einzelne Unternehmer oder Manager völlig überfordert und zugleich zum Misserfolg verurteilt wäre, wenn er mit globalen Aktions- und Reaktionsstrategien undifferenziert auf die Unternehmungsumwelt einwirken wollte. Differenzierte, von entsprechend spezialisierten und qualifizierten Mitarbeitern entwickelte Managementstrategien setzen aber voraus, dass die Umwelt nach unternehmensspezifischen Interessensphären aufgegliedert worden ist.

Grössere Unternehmungen haben dementsprechend ihre Umwelt in einzelne, für sie besser überschaubare Subumwelten aufgespalten **(Aussendifferenzierung)** und darauf passende Abteilungen mit der Aufgabe gebildet, einen bestimmten Teilaspekt der Umwelt im Hinblick auf die Unternehmungsziele zu bearbeiten.
Beispiele für eine Abgrenzung solcher **Umwelt-Unternehmungsbeziehungen** finden sich in Abb. 4.2.

Subumwelt		zuständige Abteilung
Wissenschaft	⟷	Forschung
Technologie	⟷	Produktion
Lieferanten	⟷	Einkauf
Kunden und Konkurrenz	⟷	Verkauf
Arbeitsmarkt	⟷	Personal
Geld- und Kapitalmarkt	⟷	Finanzierung
Presse, Verbände usw.	⟷	Public Relations

Abbildung 4.2: Umwelt-Unternehmungsbeziehungen

Aussendifferenzierung erlaubt eine abgestufte, anspruchs- und situationsgerechte Bewältigung und Bearbeitung von Umweltproblemen.

Umweltfreundliche Interaktionen der Unternehmung mit ihren Umweltsystemen sind deshalb von zentraler Bedeutung, weil die Aufrechterhaltung systemerhaltender Transaktionen mit den unmittelbaren Systemumwelten und der Gesellschaft (Legitimation) Voraussetzung für eine ungestörte Kapitalverwertung darstellt. Aufgabe des Managements ist es, die Unternehmung als Ganze soweit wie möglich von voraussehbaren negativen Entwicklungen im Input- (z. B. Rohstoffverknappung) und Output-Bereich (z. B. Änderung der Verbrauchergewohnheiten) zu schützen, um interne Transformationsprozesse reibungslos aufrechterhalten zu können. Diesem Ziel einer möglichst ungestörten Erfüllung der Betriebsaufgaben legt die Umwelt *generelle* (z. B. Umweltschutz) und *spezielle* (z. B. Liquidität) Beschränkungen auf. Diesen Beschränkungen lässt sich am besten durch eine aufgaben- und umweltgerechte interne Strukturierung begegnen.

Die Strukturierung von Unternehmungen **(Innendifferenzierung)** in Ansehung von unterschiedlichen Umweltcharakteristika bzw. -zuständen hat jedoch noch eine weitere Ursache. Unternehmungen versuchen durch eine die Aufgabenumwelt berücksichtigende Grenzziehung bzw. Innen/Aussen-Differenzierung ihre **Identität** als möglichst autonome Institution zu bewahren, und zwar dergestalt, dass sie die Umweltkomplexität durch Strukturierung reduzieren, um so vorbereitet die abgegrenzten Umweltsegmente gezielt und kompetent berücksichtigen bzw. beeinflussen zu können.

Damit wird als zentrale Gestaltungsaufgabe die Grenzziehung zwischen Unternehmung und Umwelt erkannt. Durch diese Grenzziehung gewinnt die Unternehmung ihre Identität, und mit der Entscheidung über den

Verlauf der Grenze werden zugleich wichtige Vorentscheidungen über die innere Strukturierung getroffen.
Das Management sieht heute vor allem aus zwei Gründen die Notwendigkeit, eine *Corporate Identity (CI)* aufzubauen und zu pflegen: Einmal soll ein einheitliches Image der Öffentlichkeit gegenüber geschaffen werden und zum anderen sollen Identifikationsmöglichkeiten mit den Unternehmungszielen für die Mitarbeiter aufgebaut werden (Förderung einer *Unternehmenskultur*).
Mit der Trennung von Innen und Aussen wird jedoch nicht nur eine eigene Identität der Unternehmung angestrebt, sondern auch, wie *Luhmann* sagt, eine **Reduktion von Umweltkomplexität** auf ein für das System beherrschbares Ausmass beabsichtigt.

Ein Hauptproblem komplexer Organisationen besteht nach dieser Auffassung in der Bewältigung von Unsicherheit, die ihren Ursprung vor allem in den Variablen *Markt* und *Technologie* findet. Unternehmungen begegnen dieser Unsicherheit, indem sie bestimmte Abteilungen schaffen, die primär mit diesen Problembereichen zu tun haben (vgl. Abb. 4.2). Andere Unternehmungsbereiche sind dann, abgeschirmt durch die Unsicherheit absorbierenden peripheren Abteilungen, in der Lage, unter Bedingungen weitgehender Sicherheit oder unter solchen geringen Risikos zu arbeiten. Diese Art von Innendifferenzierung führt darüber hinaus zu einem Entlastungseffekt (Spezialisierung) bei den betroffenen Mitarbeitern.

2. Innendifferenzierung

Innendifferenzierung heisst zweckentsprechende Bildung von arbeitsteiligen Stellen bzw. Abteilungen, was zur Entwicklung einer Organisationsstruktur führt. Hierbei unterscheide ich zwischen

- **horizontaler Differenzierung,** d. h. die personenunabhängige Bildung von Stellen nach zweckrationalen, sachlogischen Erfordernissen (*Spezialisierung* → funktionale Struktur) und
- **vertikaler Differenzierung,** d. h. die Positionierung von Stellen und Abteilungen in ein System der Über- und Unterordnung (*Hierarchisierung* → Autoritätsstruktur).

a) Horizontale Differenzierung

In der Praxis nimmt der Prozess der horizontalen Differenzierung der Organisation in dem Sachziel bzw. dem Hauptbetätigungsbereich der Unternehmung seinen Ausgangspunkt; nach dessen Wahl werden die zentralen Output-, Transformations- und Inputprozesse festgelegt. Dies impliziert eine Verteilung von Aufgaben und Informationen.

Aufgaben

Die global formulierte Gesamtaufgabe wird zunächst in Teilaufgaben zerlegt, die bestimmten hierzu qualifizierten Mitarbeitern gegebenenfalls unter Hinzuziehung technischer Hilfsmittel (Werkzeuge, Maschinen) zur Ausführung übertragen werden. Wenn Teilaufgaben so gebildet werden, dass Aufgaben unterschiedlicher Art (Schwierigkeit, Zeitdauer usw.) entstehen, die jeweils darauf spezialisierten Mitarbeitern zur Ausführung zugewiesen werden, spricht man üblicherweise von **Spezialisierung.** Auf die Spezialisierung haben sich die Bemühungen der Organisationsfachleute seit eh und je konzentriert, denn sie versprach Produktivitäts- und Wirtschaftlichkeitsgewinne.

Vorrangig finden bei der *Gliederung der Gesamtaufgabe* in Teilaufgaben folgende Kriterien Verwendung:

- Verrichtung (z. B. Input, Transformation, Output; Beschaffen, Schweissen, Verkaufen)
- Objekt (z. B. Produkte, Projekte)
- Arbeits- und Hilfsmittel (z. B. manuell, maschinell, automatisch)
- Rang (z. B. Entscheidungsaufgaben, Ausführungsaufgaben)
- Phase/Zeit (z. B. Planung, Realisation, Kontrolle)
- Ort (z. B. Deutschland, Europa, USA).

Ist die Gesamtaufgabe einer Unternehmung nach einem Kriterium oder in aller Regel einer Kombination von Kriterien aufgegliedert worden, werden die so gewonnenen Teilaufgaben bestimmten Stellen zugeordnet. Eine **Stelle** ist ein versachlichter Komplex von Aufgaben, der zunächst unabhängig vom Stelleninhaber (Ausführenden) gebildet werden soll. In der Praxis wird jedoch schon bei der Stellenbildung das vorhandene Qualifikationsangebot mitreflektiert. Eine Zusammenfassung mehrerer Stellen unter einheitlicher Leitung wird als **Abteilung** bezeichnet.

Bei der Bildung von Stellen bzw. Abteilungen, d. h. bei der Zuordnung von Teilaufgaben auf Aufgabenträger kann nach den alternativen Strukturierungsprinzipien Zentralisation oder Dezentralisation vorgegangen werden.

Zentralisation heisst Zusammenfassung von Teilaufgaben, die hinsichtlich eines bestimmten Merkmals gleich sind, in einer Stelle/Abteilung.

Dezentralisation heisst umgekehrt die Trennung gleichartiger Aufgaben und Zuordnung auf mehrere Stellen/Abteilungen in der Organisation.

Informationen
Nachdem im Zuge der Aufgabenverteilung Teilaufgaben bestimmten Stellen zugeteilt worden sind, benötigen diese zur Aufgabenerfüllung Informationen über den Aufgabeninhalt sowie über Handlungsanweisungen und -ziele. Dabei bestimmt der Aufgabeninhalt Quantität und Qualität der Informationen. Die Qualität der Aufgabenerfüllung (vor allem bei Entscheidungsaufgaben) ist massgeblich von der Qualität der verarbeiteten Informationen abhängig.

Ein **Kommunikationssystem** wird benötigt, um Informationen zur rechten Zeit am rechten Ort und in der notwendigen und nachgefragten Quantität und Qualität zur Verfügung zu stellen. In einem gebundenen Kommunikationssystem gilt der Informationsfluss durch folgende vier Kriterien als hinreichend definiert:

1. *Kommunikationsrichtung*
   (z. B. A soll B informieren)
2. *Kommunikationsinhalt*
   (z. B. A soll B über die Umsätze in Produkt X informieren)
3. *Kommunikationszeitpunkt*
   (z. B. A soll B an jedem 1. eines Monats über die Umsätze in Produkt X informieren)
4. *Kommunikationsform*
   (z. B. A soll B an jedem 1. eines Monats schriftlich über die Umsätze in Produkt X informieren).

Das Ergebnis dieser Festlegung ist eine Kommunikationsstruktur, die regelt, wer mit wem über was wie oft und in welcher Form kommuniziert.

Weder Aufgaben- noch Informationsverteilung führen *zwangsläufig* zu einem hierarchischen Aufbau der Organisation. Erst die Verquickung der Koordinations- mit der Herrschaftsfunktion lässt den Eindruck entstehen, dass die bekannte pyramidenförmige Organisationsstruktur mit einer Machthierarchie zwangsläufig verknüpft ist. Wir können allenthalben feststellen, dass die Kommunikationswege keineswegs nur den Befehlswegen der Hierarchie der Entscheider folgen. Für das Kommunikationssystem ist deshalb eine Darstellung in Form einer Pyramide unangemessen. Realitätsnäher ist die Vorstellung von einer Vielzahl von interdependenten kommunikativen Beziehungen zwischen allen Systemelementen. Hier ist nicht von einer Pyramide auszugehen, sondern von einem Netz.

b) Vertikale Differenzierung

Arbeitsteilige Aufgabenerfüllung erfordert in aller Regel eine unterschiedliche Ausstattung der Stellen mit Informationen. Der Besitz von Informationen schafft **Machtpositionen** gegenüber den Nichtinformierten, wie umgekehrt das Innehaben einer Machtposition den Zugang zu Informationsquellen erleichtert. Stellen, die selbst Informationen beschaffen und/oder ‚Know-How' generieren, gewinnen einen höheren Grad an Unabhängigkeit als solche, an die sie Informationen weitergeben; sie erwerben damit eine Machtposition gegenüber den nachfragenden Stellen. Die Macht einer Stelle bzw. Abteilung (und damit ihre Zentralität) ist abhängig von dem Ausmass, in dem es ihr gelingt, diese Unabhängigkeit (und damit gleichzeitig Unersetzlichkeit) zu bewahren, d. h. andere Stellen/Abteilungen von sich abhängig zu halten. Je mehr Ressourcen eine Stelle kontrolliert und je weniger Alternativen andere Stellen haben, um an die gewünschten Ressourcen zu kommen, desto grösser ist die Macht der Stelle und die Abhängigkeit der Nachfrager. Solche Machtverhältnisse entstehen jedoch nicht zufällig, sondern sind primär die Folge von ungleichartiger Aufgaben- und Informationsverteilung.

Eine symmetrische Verteilung von **Entscheidungsbefugnissen** über alle arbeitsteilig gebildeten Stellen und die Wahl von Entscheidungsregeln nach dem Motto, alle können über alles entscheiden, stehen einer im Sinne der Unternehmungsziele zweckrationalen Organisation und einer Sicherung und Stabilisierung von Herrschaft der Produktionsmitteleigentümer und ihrer Manager entgegen. Folglich müssen Entscheidungsbefugnisse *ungleich* verteilt werden. Entscheidungskriterien sind hier einmal die Bedeutung der Aufgabe (z. B. Planung) bzw. des Funktionsbereichs (z. B. Marketing) für die Erreichung der Unternehmungsziele. Die Abteilungen, die zur Bewältigung dieser Aufgaben gebildet worden sind und die kompetent genug sind, diese Probleme zu lösen, werden zu den mächtigsten in der Unternehmung. Zum anderen werden solche Personen mit Macht ausgestattet, die aufgrund ihrer Sozialisation und Qualifikation am stärksten den Zielen der Eigentümer und ihrer Manager zuneigen; umgekehrt werden die mit ausführenden Aufgaben betrauten Mitarbeiter, die sich diesen Zielen gegenüber aus ihrer eigenen Interessenlage heraus distanziert verhalten, von der Entscheidungsteilhabe ausgeschlossen (ausser über die gesetzlich vorgesehene Mitbestimmung).

Im Zuge vertikaler Differenzierung werden also die arbeitsteilig gebildeten Stellen mit unterschiedlichen Entscheidungsbefugnissen ausgestattet. Das Ergebnis ist eine **Hierarchie** von Stellen, die in ein System der Über-, Unter- und Nebenordnung gebracht werden. Die Hierarchie in Unternehmungen hat eine zweifache Funktion: die *Koordination* arbeitsteiliger Stellen und die Gewährleistung einer einheitlichen Willensdurchsetzung von oben nach unten *(Herrschaftssicherung)*.

Die rangmässige Position einer Stelle in der Pyramide ergibt sich aus der Art der zugewiesenen Aufgabe; Stellen mit überwiegend Entscheidungsaufgaben werden mit Anweisungsrecht ausgestattet (Linieninstanz) und erhalten eine Position im oberen und mittleren Bereich der Pyramide; Stellen mit überwiegend Ausführungsaufgaben (ausführende Stellen) werden an der Basis angesiedelt. Dabei wird die *Breite* der Leitungsgliederung mit der Kennzahl Kontrollspanne oder Leitungsspanne gemessen, die angibt, wieviel Untergebene einem Vorgesetzten direkt unterstellt sind. Die *Tiefe* der Leitungsgliederung wird meist mit der Zahl der Leitungsebenen (Managementebenen, vertikale Spanne) angegeben. Dabei ist die Tiefe der Leitungsgliederung bei formaler Betrachtung eine Funktion der Breite und umgekehrt, denn bei unveränderter Mitarbeiterzahl führt eine Reduzierung der Kontrollspanne zu einer Vertiefung der Pyramide und umgekehrt.
Die Macht eines Stelleninhabers kann auf unterschiedlichen Grundlagen beruhen. Üblicherweise wird zwischen

- *formalen* Machtgrundlagen
  und
- *personalen* Machtgrundlagen unterschieden.

Im ersten Fall ist die Befehlsgewalt an die **Position** und nicht an die Person gebunden (Amtsautorität), d. h. wenn der Stelleninhaber die Organisation verlässt, verliert er auch diese Machtgrundlage.

Im zweiten Fall geben bestimmte persönliche **Eigenschaften** (Fähigkeiten, Fertigkeiten, Charisma) die Chance, auf andere Einfluss auszuüben, und zwar unabhängig von der Position, die man inne hat.

Autorität wird hier als das Recht definiert, im Rahmen des zugewiesenen Aufgabenbereiches Anweisungen zu geben, wobei zwischen

- *Linienautorität* = direkte Befehlsgewalt des Vorgesetzten gegenüber dem Untergebenen (positionale Autorität) und
- *Stabsautorität* = fachliche Unterstützung der Linie und anderer Stellen (funktionale Autorität)

unterschieden wird.

Ein wichtiges klassisches Management-Prinzip *(Kongruenzprinzip)* besagt, dass sich Aufgaben, Kompetenz und Verantwortung decken müssen. **Verantwortung** beinhaltet die Pflicht, den übertragenen Aufgabenbereich abzudecken und über das Ergebnis Rechenschaft abzulegen.

Voraussetzung für die Delegation von Macht und Verantwortung ist die Einsicht, dass beides, obwohl rechtlich in der Hand der Produktionsmitteleigentümer konzentriert, dennoch teilbar ist. Als faktische Quelle der Macht allein das Eigentum an Produktionsmitteln anzusehen, ist jedoch realitätsfern. Schon *Burnham* machte deutlich, dass es nicht so sehr auf das Eigentum *an,* sondern auf die Kontrolle *über* den Zugang zu den Ressourcen ankommt, und über die verfügt das Management. Insofern beruht Macht nicht bloss auf rechtmässigem Eigentum, auf das man sich berufen kann, sondern sie ist wirklichkeitsnäher als **Interaktionsprozess** zwischen mehreren Personen aufzufassen. Autorität in Form einseitiger Willenserklärung von oben verliert heute immer mehr an Bedeutung gegenüber einer solchen, die erst dann entsteht, wenn die Untergebenen die Autorität als solche anerkennen (Akzeptanztheorie).

3. Abteilungsbildung

Abteilungen lassen sich aufgrund von Art und Inhalt der zugeteilten Aufgaben, des zugewiesenen Machtumfangs und der Art der Einbindung in das organisatorische Informations- und Kommunikationssystem definieren. Die Bildung von Abteilungen impliziert also Entscheidungen über Aufgaben-, Informations- und Machtzuteilungen. Abteilungen bilden die Nahtstelle zwischen den grundlegenden Konzepten *Differenzierung* und *Koordination.* Einerseits sind Abteilungen das Ergebnis von Innendifferenzierung, andererseits wird durch die Art ihrer Bildung eine Vorentscheidung über das zu verwendende Koordinationsinstrument getroffen. So bietet sich z. B. bei einer nach verschiedenen Verrichtungen (wie Einkaufen, Produzieren, Verkaufen) gegliederten Organisation die Hierarchie unmittelbar als Koordinationsinstrument an.

a) Horizontale Abteilungsbildung

Die gängigen Strukturbezeichnunen für die nach diesem Prinzip gebildeten Abteilungen richten sich allein nach dem Kriterium Aufgabenverteilung; dies führt zur Unterscheidung folgender **Grundmodelle:**

- *Verrichtungsmodell* (Funktionalorganisation)
- *Objektmodell* (Geschäftsbereichs- oder Spartenorganisation nach Produkten, Projekten, Kunden)
- *Regionalmodell.*

Ausschlaggebend für die Kennzeichnung einer Unternehmung etwa als Funktionalorganisation ist dasjenige Kriterium, nach dem Abteilungen

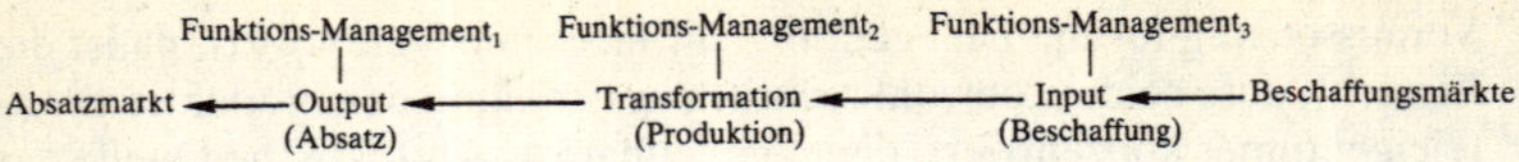

Abbildung 4.3: Funktionsmanagement im Verrichtungsmodell

auf der zweiten hierarchischen Ebene (also auf der Ebene unmittelbar unter dem obersten Führungsorgan, etwa dem Vorstand) gebildet worden sind.

Verrichtungsmodell
Im Verrichtungsmodell werden Stellen nach dem Prinzip der Verrichtungszentralisation gebildet. Typischerweise werden Abteilungen auf der 2. Ebene nach betrieblichen Funktionen, wie Beschaffung, Produktion, Absatz, Rechnungswesen, geschaffen, und auf der 3. Ebene nach Produkten.

Das Verrichtungsmodell findet typischerweise in mittleren und kleinen Unternehmungen mit einem homogenen Produktionsprogramm und relativ stabiler Umwelt Anwendung, in denen durch funktionale Spezialisierung hohe Wirtschaftlichkeit der Leistungserstellung und -verwertung angestrebt wird. Konfliktträchtig sind dabei vor allem die Beziehungen zwischen den Abteilungen, die vom Prozessablauf her zur Kooperation gezwungen sind, dazu aber nicht motiviert werden. So sind die Funktionsmanager (z. B. in der Produktion) lediglich auf die Erreichung der eigenen Abteilungsziele (z. B. Kapazitätsauslastung, optimale Losgrössen) orientiert und haben nicht das Gesamtinteresse der Unternehmung im Auge. Dies macht aufwendige Koordinationsmassnahmen von seiten des obersten Führungsorgans notwendig.

Objektmodell
Im Objektmodell werden Stellen nach dem Prinzip der Objektzentralisation gebildet. Typischerweise werden Abteilungen auf der 2. Ebene nach Produkten bzw. einheitlichen Produktgruppen, Projekten oder vor allem in Dienstleistungsunternehmungen nach Kunden bzw. Kundengruppen geschaffen, und auf der 3. Ebene nach Verrichtungen bzw. Funktionen gebildet. Die Input-Funktion (Beschaffung von Arbeit, Kapital, Material) bleibt meist zentralisiert.

Der Organisationsplan in Abb. 4.4 ist typisch für grosse Unternehmungen mit heterogenem Produktionsprogramm, und zwar als Folge einer Strategie der Diversifikation.
Im Konsumgüterbereich, vor allem in der Markenartikelindustrie, hat sich, in Weiterentwicklung des 1928 von *Procter & Gamble* in den USA

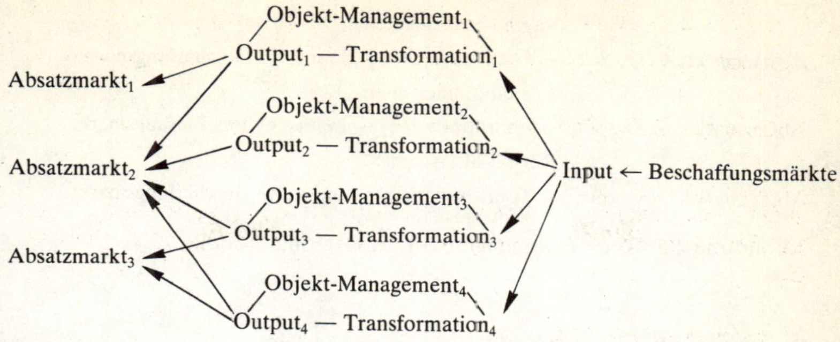

Abbildung 4.4: Objektmanagement im Objektmodell

eingeführten Brand-Manager-Systems, weitgehend die **Produktmanager-Organisation** durchgesetzt. In Europa wurde das Konzept im Zuge der Gründung amerikanischer Tochtergesellschaften bekannt und nach und nach auch von der einheimischen Industrie übernommen. Die hierarchische Einordnung von Produktmanagern erfolgt überwiegend durch Bildung einer Stabsstelle oder einer Linieninstanz unter dem Marketingleiter. Die sich unmittelbar anbietende Konzeption als Matrix-Organisation ist dagegen selten verwirklicht.

Während die bislang besprochene Abteilungsbildung nach Objekten (hier: Produkte) erfolgte, die eine längerfristige, kontinuierliche Daueraufgabe der Organisation darstellen (Produktlebenszyklus von mehreren Jahren), bieten sich für kurzlebige Aufgaben (z. B. Projekte) andere Organisationsformen an **(Projektorganisation).** Dass sich bestimmte Unternehmungen auf die Erledigung mehr oder weniger kurzfristiger Projekte konzentrieren, ist nicht neu (z. B. Architektur- oder Ingenieurbüros); besondere objektspezifische organisatorische Gestaltungsüberlegungen wurden jedoch erst im Zuge des starken Wachstums der US-amerikanischen Luft- und Raumfahrtindustrie angestellt, eben einer Industrie, die es überwiegend mit terminlich exakt fixierten, zeitlich begrenzten Aufgabenstellungen (= Projekte) zu tun hat. Da in einem Projekt unterschiedliches Spezialwissen zur Erfüllung terminierter Aufgaben zusammengeführt werden muss, stellt sich das Problem, in einer i. d. R. nach dem Verrichtungsmodell organisierten Unternehmung den spezifischen Projektbelangen (Projektziele: Termin-Einhaltung, Budget-Einhaltung) organisatorisch Rechnung zu tragen. Hier bietet sich die Organisationsform der Matrix als besonders geeignet an (vgl. S. 113 der Arbeit).

Region-Management$_1$

Absatzmarkt$_1$ ← Output$_1$ — Transformation$_1$ — Input$_1$ ← Beschaffungsmarkt$_1$

Region-Management$_2$

Absatzmarkt$_2$ ← Output$_2$ — Transformation$_2$ — Input$_2$ ← Beschaffungsmarkt$_2$

Region-Management$_3$

Absatzmarkt$_3$ ← Output$_3$ — Transformation$_3$ — Input$_3$ ← Beschaffungsmarkt$_3$

Abbildung 4.5: Regionalmanagement im Regionalmodell

Regionalmodell

Im Regionalmodell werden Stellen nach dem Prinzip der lokalen Dezentralisation gebildet. Typischerweise werden Abteilungen auf der 2. Ebene nach Absatzgebieten und auf der 3. Ebene nach Produktgruppen (Produktionsstätten) geschaffen. Alle Funktionsbereiche sind regional dezentralisiert.

Das Regionalmodell findet sich in grossen internationalen Unternehmungen, die als Folge einer Strategie der räumlichen Expansion auf dem Weltmarkt tätig sind. In einer solchen Situation erleichtert das Regionalmodell eine gebietsspezifische Anpassung an die jeweiligen Marktchancen sowie die Entwicklung länderspezifischer Produktstrategien (Produkt-, Preisdifferenzierung, unterschiedliche Lebenszyklen).

Profit Center-Konzept

Die stärkste Ausprägung der Verrichtungsdezentralisation findet sich im System der föderativen Dezentralisation (analog Bundes- vs. Länder-Management), in dem die einzelnen Abteilungen einer Unternehmung weitgehend autonome Einheiten mit einer bestimmten Produktgruppe, eigenem Ein- und Verkaufsmarkt sowie eigener Erfolgsrechnung darstellen. Diese selbständigen Geschäftsbereiche werden dann treffend als *profit centers* bezeichnet. An der Spitze eines jeden profit center steht ein Manager oder ein Team von Managern, der bzw. das die Unternehmung in der Unternehmung weitgehend eigenverantwortlich leitet, weshalb häufig die Bezeichnung *responsibility center* verwendet wird.

Abteilungen werden nach dem profit center-Konzept als quasi-autonome Geschäftsbereiche gebildet, die produktspezifisch administrative und auch strategische Aufgaben übernehmen und damit das oberste Führungsorgan entlasten. Diese Unternehmungsbereiche verfügen über alle zur unmittelbaren Aufgabenerfüllung notwendigen Funktionen. Zentral werden in der Regel nur noch die Funktionen Einkauf (aus Wirtschaftlichkeitsüberlegungen), Finanzierung (aus rechtlichen Gründen) und Grundlagenforschung (Konzentration von Ressourcen) ausgeübt. Daneben existieren einige Koordinationsabteilungen mit Rahmenrichtlinienkompetenz (z. B. Planung, Personal).

Wie die Bezeichnung profit center erkennen lässt, wird als primäres Ziel der Managementtätigkeit eines centers die Erzielung eines bereichsspezifischen Gewinns oder Deckungsbeitrages angesehen. Bei der Konzeption von profit center-Systemen wird jedoch i. d. R. davon ausgegangen, dass nicht die Maximierung des Gewinns, als einer absoluten Grösse, oberstes Ziel der Unternehmung sowie aller Teilbereiche ist, sondern die Maximierung einer relativen Grösse, des **return on investment** (ROI)[1], d. h. Verhältnis von Gewinn zu investiertem Kapital. Der ROI wird dann als *die* entscheidende Kennzahl zur Beurteilung der gesamten Unternehmung sowie ihrer dezentralisierten Teilbereiche angesehen.
Der Manager kann aber nur dann für die Rentabilität seines profit center verantwortlich gemacht werden, wenn er fremde Leistungen von anderen Abteilungen bzw. Unternehmungen beziehen und eigene Erzeugnisse an andere verkaufen darf, und zwar zu Preisen, die das Ergebnis einer selbständigen Kalkulation seines Bereichs sind und somit auch seine eigene Leistung als Manager widerspiegeln. Der Manager kann darüber hinaus – vor allem was den Nenner der ROI-Kennzahl (investiertes Kapital) betrifft – nur für die von ihm beeinflussbaren Investitionen verantwortlich gemacht werden.

Die Organisationsform mit den nach Produkt/Markt-Beziehungen organisierten autonomen Geschäftsbereichen in Verbindung mit dem profit center-Konzept galt lange Zeit als ideale Lösung der Strukturprobleme industrieller Grossunternehmungen. Im Laufe der Jahre zeigte sich jedoch eine ganze Reihe gravierender **Mängel,** wie

- unzureichende organisationsweite Koordination (unerwünschte Suboptimierung)
- kurzfristige Gewinnorientierung (verhindert Investitionen in Produkt- und Verfahrensinnovationen)
- einseitige Ausrichtung auf *eine* Steuerungsgrösse (Gewinn bzw. ROI).

Mit der Entwicklung der Portfolio Management-Konzeption sollen diese Nachteile überwunden werden, ohne auf die Vorteile der dezentralen Unternehmungsorganisation verzichten zu müssen (vgl. S. 140f. der Arbeit).

1 Entspricht der Kennzahl *Rentabilität*; vgl. hierzu genauer S. 63 der Arbeit.

b) Vertikale Abteilungsbildung

Nach dem Kriterium **Machtverteilung** werden Grundmodelle hierarchischer Verknüpfung unterschieden. Die letzten drei Modelle in der nachfolgenden Aufzählung stellen Kombinationen zwischen horizontaler und vertikaler Abteilungsbildung dar und können als Ansätze zur Überwindung einiger Schwächen hierarchischer Koordination verstanden werden.

- Einliniensystem
- Mehrliniensystem
- Stab-Linien-Organisation
- Matrix-Organisation
- Gremien-Organisation
- Projekt-Organisation.

Einliniensystem
Ist eine hierarchisch niedrige Stelle nur durch *eine* Linie mit jeweils einer hierarchisch höheren Stelle verbunden, spricht man von einem Einliniensystem. Die in einer Hierarchie von oben nach unten laufenden Linien werden als Befehlslinien bezeichnet (Instanzenweg), und die von unten nach oben laufenden Linien sind für Meldungen, Mitteilungen oder Beschwerden vorgesehen (Dienstweg) (vgl. Abb. 4.6).

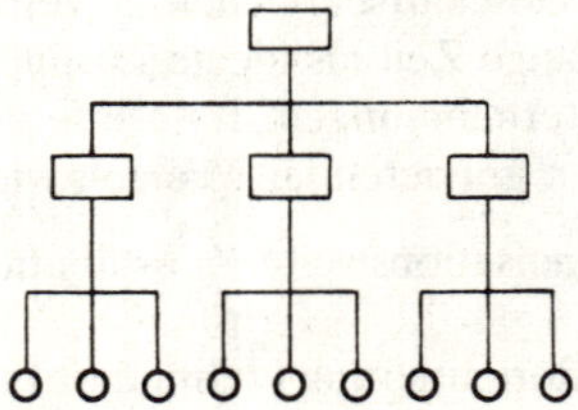

Abbildung 4.6: Einliniensystem

Das Einliniensystem folgt dem klassischen Prinzip der **Einheit der Auftragserteilung,** d. h. jeder Untergebene hat nur einen einzigen Vorgesetzten, ein Vorgesetzter hat jedoch mehrere Untergebene. Konflikte können bei diesem Modell, zumindest nach Ansicht seiner Befürworter, kaum auftreten; sollte dies dennoch der Fall sein, wird das Problem innerhalb der Pyramide bis zu der hierarchischen Ebene weitergereicht, auf der sich der gemeinsame Vorgesetzte der betroffenen Parteien befindet. Dieser muss ex definitione über mehr Autorität und überlegenes Wissen verfügen, so dass er den Konflikt durch entsprechende Anweisungen „lösen“ kann.

Mehrliniensystem
Im Mehrliniensystem ist eine hierarchisch niedrigere Stelle durch mehrere Linien mit mehreren hierarchisch höheren Stellen verbunden (Mehrfachunterstellung). Dies bedeutet eine Abkehr vom Prinzip der Einheit der Auftragserteilung und eine Koordination von Mitarbeitern nach dem **Funktionsprinzip,** d. h. der auf eine bestimmte Funktion spezialisierte Vorgesetzte erteilt nur für diesen Bereich Weisungen. Wenn die Aufgabenerfüllung mehrere Funktionsbereiche tangiert, erhält der Ausführende auch von mehreren Vorgesetzten Anweisungen (vgl. Abb. 4.7).

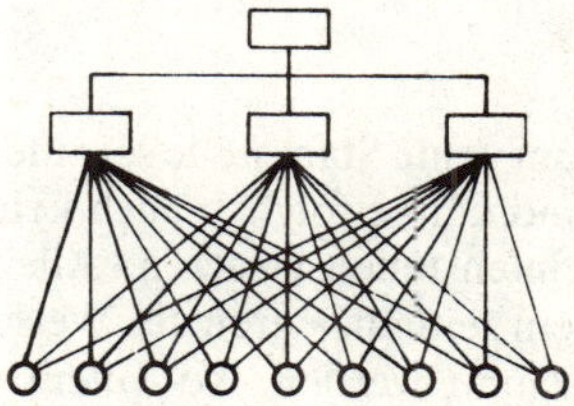

Abbildung 4.7: Mehrliniensystem

Diese auf *Taylors* Funktionsmeistersystem beruhenden Vorstellungen konnten sich zwar auf der Ausführungsebene nicht durchsetzen, aber auf den oberen Führungsebenen wurde seinem Vorschlag der funktionalen Spezialisierung (Verrichtungsmodell) gefolgt; allerdings ohne sein Prinzip der Mehrfachunterstellung mitzuübernehmen. Aus disziplinarischen Überlegungen heraus (Herrschaftssicherung) wird das Einliniensystem beibehalten.

Um dem Mangel an entscheidungsrelevantem Wissen in der Linieninstanz abzuhelfen, ohne jedoch das gesamte klassische Modell in Frage stellen oder sogar aufgeben zu müssen, wurde der Stab als Wissensträger ohne positionale, formale Autorität in das Modell eingeführt.

Stab-Linien-Organisation
Die Stab-Linien-Organisation stellt einen Versuch dar, die Vorteile des Einliniensystems mit den Vorteilen der funktionalen Spezialisierung zu kombinieren. Seinen Ursprung hat dieser Koordinationsmechanismus im militärischen Bereich. Zentrale Aufgabe des Stabes ist die Entscheidungsvorbereitung (Informationssammlung und -auswertung, Planung, Beratung, Unterstützung) (vgl. Abb. 4.8).

Um das klassische Prinzip der Einheit der Auftragserteilung zu retten, wurde die **Stabsstelle** nicht mit Weisungsbefugnis ausgestattet, und zwar

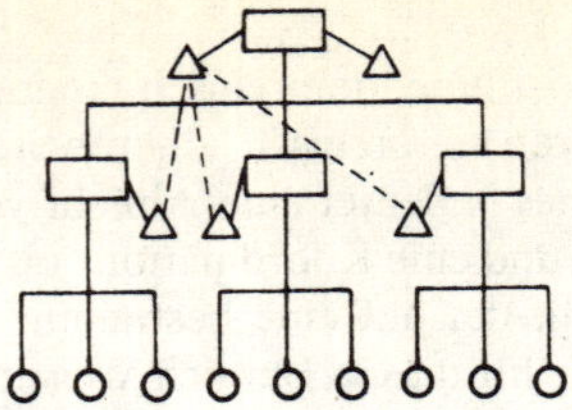

Abbildung 4.8: Stab-Linien-Organisation

u. a. mit der Begründung, eine Stabsstelle sei eine Hilfsstelle ohne eigene (originäre) Aufgabe und könne folglich auch keine eigene Anweisungsbefugnis gegenüber Linienstellen besitzen. Allein bei Sonderaufträgen könne der Stabsstelle ein zeitlich begrenztes Weisungsrecht (funktionales Weisungsrecht) eingeräumt werden. Vor allem die Tatsache, dass der Stab selbst keine Weisungsbefugnis besitzt (lediglich funktionale Autorität), obwohl er i. d. R. über hochqualifiziertes Wissen verfügt, führt zu erheblichen Konflikten.

Empirische Untersuchungen haben gezeigt, dass die in der Theorie geforderte klare Trennung der Aufgaben von Stab und Linie in der Realität fast nie anzutreffen ist (höchstens in Stellenbeschreibungen). In vielen Fällen beraten die Stabsmitglieder (Zentralabteilungen) nicht nur, sondern sie üben beträchtlichen informellen Einfluss auf Entscheidungen aus. Andererseits gibt es Fälle, wo umgekehrt die Stabsstelle überhaupt keine Einflussmöglichkeiten sieht und von der Linie nur als Alibifunktion für ‚wissenschaftlich fundierte' Entscheidungen gebraucht wird.

Matrix-Organisation

Linien- und Stab-Linien-Organisation sind Konzepte, die das Problem der Integration *stufenweise* lösen, d. h. auf verschiedenen hierarchischen Ebenen werden Probleme mit unterschiedlichem Komplexitätsgrad einerseits und unterschiedlicher Bedeutsamkeit für die Unternehmung andererseits behandelt. So wird z. B. der schwierigste Teil eines Problembereiches an der Spitze der Hierarchie bearbeitet und der (vermeintlich) einfachste an der Basis. Die Koordination erfolgt über das Einliniensystem. In der Matrix-Organisation wird dagegen in Anknüpfung an *Taylors* Mehrliniensystem *simultan* zwei Aspekten eines Problembereiches Aufmerksamkeit geschenkt (z. B. Verrichtung und Objekt) und bei der Tensor-Organisation sogar drei Aspekten (Verrichtung, Objekt und Region) (vgl. Abb. 4.9).

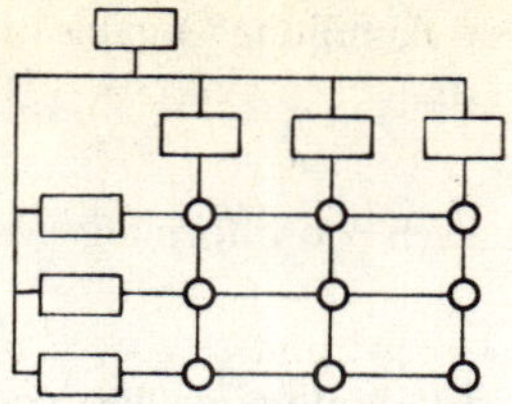

Abbildung 4.9: Matrix-Organisation

Damit stellt die Matrix-Organisation eine Kombination zweier Hierarchiesysteme dar. Die traditionelle, nach Funktionen gegliederte Organisationsstruktur (*vertikale* Linien) wird von einer projekt- oder produktorientierten Struktur (*horizontale* Linien) überlagert. Damit kreuzen sich zwei Kompetenzsysteme, so dass man von einem **kombinierten Zweiliniensystem** sprechen kann. Im Schnittpunkt beider Linien befinden sich eine oder mehrere Stellen, die von einem Mitarbeiter bis hin zu einer Gruppe besetzt werden kann. Zwischen dem Produkt- bzw. Projektmanager und dem Funktionsmanager als den Instanzen werden Weisungskompetenz und Verantwortung so geteilt, dass der erstere für Planung, Koordination und Kontrolle der Projektarbeit zuständig ist, wobei er höchste Priorität für sein Projekt anstrebt, und letzterer für die Ressourcenbereitstellung und -entwicklung, wobei dieser alle Projekte im Auge behält und auf Kapazitätsauslastung achtet.

Gremien-Organisation
Gremien (Komitees, Kommissionen) sind Personenmehrheiten, denen bestimmte Aufgaben zur Lösung übertragen werden. Handelt es sich um Daueraufgaben, wird ein *ständiges* Gremium eingerichtet, das in regelmässigen Abständen tagt (z. B. Wirtschaftsausschuss, Aufsichtsrat, Finanzausschuss); geht es um die Lösung einer zeitlich begrenzten Aufgabe, kann ein *ad hoc* Gremium eingesetzt werden. In beiden Fällen sind die Gremienmitglieder nur für die Zeit der Gremienarbeit von ihrer hauptamtlichen Tätigkeit in der Organisation befreit (Teilzeit-Mitgliedschaft).

Je nachdem, aus welchen Positionen der Hierarchie sich die Gremienmitglieder zusammensetzen, kann man Pluralinstanzen (Zusammenfassung gleichrangiger Instanzen) und Gremien aus hierarchisch verbundenen (Mitglieder einer Abteilung) oder unverbundenen Stellen (Mitglieder aus unterschiedlichen Abteilungen) unterscheiden. Fällt die vom Gremium zu leistende Arbeit schwerpunktartig in eine bestimmte **Phase des Ent-**

scheidungsprozesses einer Abteilung/Organisation, wird das Gremium entsprechend bezeichnet als

- Informationsgremium
  Gewinnung und Austausch von Informationen zur Entscheidungsvorbereitung
- Beratungsgremium
  entscheidungsreife Bearbeitung eines Problems
- Entscheidungsgremium
  Alternativendiskussion und Entscheidung
- Ausführungsgremium
  Einleitung und Überwachung der Durchführung beschlossener Massnahmen.

Projekt-Organisation

Ebenso wie bei der Gremien-Organisation geht man bei der Einrichtung von Projekt-Teams von einer bestehenden Hierarchie aus, von der man annimmt, dass sie zur Lösung von repetitiven Routineaufgaben gut geeignet sei. Dagegen erfordere die Lösung innovativer, komplexer, zeitlich terminierter Aufgaben eine andere Koordinationsform.

Projekt-Teams sind temporäre Arbeitsgruppen mit begrenzter Weisungsbefugnis zur Lösung zeitlich begrenzter Aufgaben. Die Teammitglieder rekrutieren sich aus allen für das Problem bedeutsamen Bereichen der Unternehmung, arbeiten hauptamtlich im Team und kehren nach Erfüllung der Aufgabe in ihre ursprüngliche (oder eine neue) Position in der Hierarchie zurück. Somit repräsentieren die Teammitglieder unterschiedliche hierarchische Ebenen, unterschiedliches Wissen (von der Ausbildung und der Erfahrung her) und unterschiedliche Abteilungen.

Die Teammitglieder arbeiten im Gegensatz zu den Gremienmitgliedern ‚full time' und verfügen als Team in aller Regel über Macht, die auf den Grundlagen *Information* und *Expertentum* beruht. Darüber hinaus erhöht sich der Status des Projekt-Teams dadurch, dass es i. d. R. vom Top Management eingesetzt worden ist. Wenn man die Vorteile interner Spezialisten mit denen externer Berater verknüpfen möchte, bietet sich ein Team aus Insidern und erfahrenen Outsidern (Unternehmungsberater) als besonders geeignete Organisationsform für Planungsaufgaben an.

Die kurze Charakterisierung der Grundmodelle hierarchischer Verknüpfung hat deutlich gemacht, dass im Einliniensystem die Managementfunktion *Herrschaftssicherung* am klarsten ausgeprägt ist. Alle anderen Modelle versuchen die zwangsläufig in jeder Organisation anfallenden Koordinationsaufgaben mehr oder weniger erfolgreich mit der als unverzichtbar erachteten Herrschaftssicherungsfunktion in Einklang zu bringen.

Literaturhinweise

Zu 1: **Aussendifferenzierung**

Gebert, D., Organisation und Umwelt, Stuttgart usw. 1978

Lawrence, P. R./Lorsch, J. W., Organization and Environment, Homewood, Ill. 1969

Luhmann, N., Funktionen und Folgen formaler Organisation, Berlin 1964

Pfeffer, J./Salancik, G. R., The External Control of Organizations, New York 1978

Zu 2: **Innendifferenzierung**

Haug, V., Direktion zwischen Sachzwang und Demokratie, Berlin 1979

Kieser, A./Kubicek, H., Organisation, 2. Aufl. Berlin/New York 1983

Kosiol, E., Organisation der Unternehmung, 2. Aufl. Wiesbaden 1976

Mintzberg, H., The Structuring of Organizations, Englewood Cliffs, N. J. 1979

Mintzberg, H., Power in and around Organizations, Englewood Cliffs, N. J. 1983

Zu 3: **Abteilungsbildung**

Frese, E., Grundlagen der Organisation 5. Aufl. Wiesbaden 1990

Gabele, E., Die Einführung von Geschäftsbereichsorganisationen, Tübingen 1981

Hill, W./Fehlbaum, R./Ulrich, P., Organisationslehre, 2 Bde., 3. Aufl. Bern/ Stuttgart 1981

Stahle, W. H., Management, 6. Aufl. München 1991

Kapitel V: Koordination als laufende Managementaufgabe

Die oben beschriebenen *sporadischen* Managementaufgaben, von denen ich der Organisation bzw. Reorganisation besondere Aufmerksamkeit geschenkt habe, nehmen umfangmässig in der Managementliteratur eine dominierende Stellung ein. Sicherlich intendieren die Autoren damit, das Auge des Top Managers mehr für die langfristig wirkenden konstitutiven Entscheidungen im Leben einer Unternehmung zu schärfen und plädieren deshalb für eine fundierte und systematische Entscheidungsvorbereitung; andererseits kommen dabei solche Managementaufgaben zu kurz, die in dem permanenten Bemühen um Koordination, Legitimation und Kontrolle bestehen. Diesen *Alltagsaufgaben* des Managements ist das folgende Kapitel gewidmet.

Dabei sehe ich die zentrale Aufgabe des *laufenden* Managements in der permanenten **Koordination** der durch Differenzierung geschaffenen Stellen und Abteilungen, in der **Motivation** und **Führung** von Menschen mit gegensätzlichen oder zumindest unterschiedlichen Interessen, in der **Abstimmung** von Maschinen, Anlagen und Plänen, von Informationen, kurz dem laufenden Bemühen um Synthese und Integration bei erkennbaren Tendenzen zum Auseinanderentwickeln und Systemzerfall. Mit zunehmender Differenzierung von Werten, Aufgaben und Menschen steigt in der Regel auch das Erfordernis nach Sinngebung, nach Koordination und Integration.

Je nachdem, ob sich der Manager bei der Erfüllung seiner Koordinationsaufgaben mehr auf formale, bürokratische oder eher auf personale, verhaltenswissenschaftliche **Koordinationsinstrumente** verlässt, unterscheide ich zwischen

- *verfahrensorientierter* Koordination und
- *verhaltensorientierter* Koordination.

1. Verfahrensorientierte Koordination

a) Programmierung

Bei einfachen, immer wiederkehrenden Aufgabenstellungen bieten sich generelle Handlungsvorschriften in Form von Entscheidungsregeln und -programmen an. Deren Anwendung setzt eine Standardisierung, Formalisierung und Typisierung von Entscheidungs- und Koordinationsproblemen voraus, so dass Handlungsanweisungen nach dem Wenn-Dann-Schema **(Konditionalprogramme)** möglich werden (z. B. Vorgabe eines Kontenrahmens zur Integration dezentraler Buchführungen). Eine Klassifikation in wohl-definierte und schlecht-definierte Aufgaben und daran anschliessend in programmierbare und nicht programmierbare Entscheidungen liefert hier erste Ansatzpunkte. Unter einem **Programm** versteht man dabei eine detaillierte Vorschrift, die die Reihenfolge der Schritte festlegt, mit denen ein System auf eine komplexe Aufgabe zu reagieren hat (z. B. Auftragsabwicklung, Arbeitsvorbereitung, Textverarbeitung). Mit ‚System' sind Menschen und Maschinen gemeint; der Organisator programmiert nicht nur die Arbeitsweise von Maschinen, sondern auch die Verhaltensweise von Menschen (zumindest versucht er es). Programme geben detailliert in chronologischen Schritten an, in welcher Weise und Reihenfolge bestimmte Handlungen erfolgen sollen; sie fixieren somit zusammen mit anderen Richtlinien den Aufgabenbereich einer Stelle.

Im Mittelpunkt steht hier das Instrument der **Stellenbeschreibung.** Diese stellt in privatwirtschaftlichen Organisationen eine Weiterentwicklung der im preussischen Staatsdienst eingeführten Dienstanweisung dar. Die Stellenbeschreibung präzisiert unabhängig von der Person des Stelleninhabers

- die Aufgaben der Stelle
- die notwendigen Leistungsstandards (Anforderungen)
- die hierarchische Einordnung der Stelle
- die Einbindung der Stelle in das Informations- und Kommunikationssystem.

Die Stellenbeschreibung gilt stellvertretend für andere formal-organisatorische Regelungen wie Organigramme, Funktionsdiagramme, Arbeitsablaufkarten als Inbegriff von Formalisierung und Bürokratisierung. Es ist unmittelbar einsichtig, dass eine Koordination durch Regeln und Programme nur bei wohl-definierten Entscheidungssituationen und Aufgaben sinnvoll anwendbar ist. Konditionalprogramme nach dem Wenn-Dann-Schema erfordern also eine möglichst operationale Beschreibung der Ausgangssituation, definiert durch die Konstellation bestimmter Situationsvariablen, so dass der Bearbeiter in die Lage versetzt wird, den zur Entscheidung anstehenden Fall (das Problem) als eine bestimmte Wenn-Komponente zu identifizieren. Dies ist die eigentliche Leistung des Handelnden, denn die in dieser Situation einzuschlagende Aktion oder anzuwendende Regel (Dann-Komponente) ergibt sich zwangsläufig aus dem Programm. Es besteht also kein Handlungsspielraum für den Ausführenden. **Regeln** als generelle Verfahrensrichtlinien werden somit in Programmen auf Situationen bezogen und entsprechend nach Subklassen von Entscheidungsproblemen präzisiert.

Nach dem Ausmass des Handlungsspielraums, den eine generelle Vorschrift noch offenlässt, werden neben Programmen unterschieden

- **Grundsätze** und **Richtlinien,** z. B. im Bereich
  Produktion: Häufigkeit des Design-Wechsels
  Einkauf: Eigenfertigung oder Fremdbezug
  Personal: Beförderung oder Einstellung von aussen
  Finanzen: Kapitalstrukturregeln (Verschuldungsgrad)
- **Handlungsanweisungen** in Form von ‚erlaubt – nicht erlaubt', wie z. B. Pfennigbeträge werden zu vollen Zehnerbeträgen aufgerundet; nach Bankenschluss eingehende Bargeldbeträge werden im eigenen Safe verschlossen.

Macht man sich klar, dass auch der Einsatz von Koordinationsinstrumenten durch das Management **Wirtschaftlichkeitsüberlegungen** unterliegt, so weist gerade unter diesem Aspekt das Instrument *Programmierung* besondere Vorteile auf, denn es ist eines der billigsten (z. B. Standardsoftware); billig vor allem auch deshalb, weil bei dieser Form der Koordination Mitarbeiter mit geringer Qualifikation eingesetzt werden können und nicht bei jedem Problemfall andere aufwendige Entscheidungsprozesse in Gang gesetzt werden müssen. Teuer wird das Instrument, wenn ein hoher Änderungsdienst erforderlich wird, und dies ist bei stabilen Verhältnissen, für die das Instrument primär entwickelt wurde, nicht der Fall.

Bei dem stark verfahrensorientierten Koordinationsinstrument *Programmierung* besteht vor allem die Gefahr, dass die formalen Vorschriften ihren Mittelcharakter verlieren, zum Selbstzweck werden, und dass die Entscheidungsfindung zu einem unreflektierten Prozess der Anwendung starrer Regeln wird. So haben sich in der Realität neben den mit Regeln und Programmen intendierten Funktionen eine ganze Reihe dysfunktionaler Konsequenzen gezeigt, die tendenziell zur **Ineffizienz** der gesamten Organisation führen:

- Rückzug auf formale Handlungsanweisungen führt zu Desinteresse und mangelnder Eigeninitiative

- Behinderung der personalen und organisatorischen Entwicklung
- Tendenz zur Schwerfälligkeit und mangelnden Anpassungsfähigkeit an neue Aufgabenstellungen (Inflexibilität).

b) Planung

Während Programmierung darauf angelegt ist, personales sowie organisatorisches Verhalten auf längere Zeit festzulegen, sind Pläne als Koordinationsmechanismen etwas flexibler, da sie nur für einen bestimmten Zeitraum gelten und mehr Richtliniencharakter haben.

Gegenstände der Koordination innerhalb der Planung sind einmal der **Planungsinhalt** (einschliesslich Ziele) und zum anderen **plankonformes Handeln.** Während die ‚Planung der Pläne' hohen Kommunikationsaufwand zwischen Planentwerfern, Planträgern und Planausführenden erfordert, ist die Koordination arbeitsteiliger Stellen durch die Pläne selbst gewährleistet, d. h. ohne personale Interventionen möglich. Auch die in bestimmten Abständen vorgesehenen Kontrollen bleiben bei Selbst- und Fremdkontrollen (Soll-Ist-Vergleiche) in gewisser Weise unpersönlich und verfahrensorientiert.
Neben der Funktion der Reduzierung von Unsicherheit (strategisches Management) wird Planung vor allem die Aufgabe der Lenkung, Steuerung und Abstimmung organisatorischen Handelns (Koordinationsfunktion) zugewiesen.
In *horizontaler* Hinsicht müssen die einzelnen funktionalen Teilbereiche einer Organisation auf Unternehmens- oder Geschäftsbereichsebene durch Vorgabe von Teilplänen (z. B. Absatzplan, Produktionsplan, Investitionsplan, Beschaffungsplan, Personalplan, Finanzplan) und deren Zusammenfassung in einem Gesamtplan integriert werden.

In *vertikaler* Hinsicht gilt es bei hierarchisch strukturierten Unternehmungen die einzelnen Managementebenen koordinativ zu verbinden. Bei der Planaufstellung (vor allem Zielplanung) hat sich hier in der Praxis überwiegend das iterative **Gegenstromverfahren** durchgesetzt, d. h. Ziele und Pläne werden nicht allein von oben nach unten entwickelt oder umgekehrt, sondern in mindestens einem Vor- und Rücklauf durch die Hierarchie werden, ausgehend von globalen Rahmenplänen mit Assistenz von Planungsstäben und -komitees, durch schrittweise Präzisierung und Modifikation die endgültigen Soll-Vorgaben entwickelt. Ein besonderer Vorteil dieser Verfahrensweise für das Management besteht darin, dass nachgeordnete Stellen das Gefühl erhalten, bei der Planaufstellung mitgewirkt zu haben (ähnlich beim Konzept der sog. Zielvereinbarung, Management by Objectives), was ihren Widerstand gegen die Soll-Vorgaben abbaut und sogar zu deren **Akzeptanz** führen kann. Darüber hinaus wird vermieden, dass ‚von oben' unrealistische Zielvorgaben entwikkelt werden.

In *zeitlicher* Hinsicht muss eine Koordination von Plänen unterschiedlicher Fristigkeit erfolgen, d. h. die Integration kurz-, mittel- und langfristiger Planung, z. B. in einem System der ‚rollenden Planung' mit laufender Aktualisierung der Planwerte. Pläne und vor allem präzise Sollvorgaben werden erst dann handlungsrelevant, wenn sie vom Top Management autorisiert und von den Handelnden als solche akzeptiert worden sind. Letzteres wird, wie beim Gegenstromverfahren vorgesehen, durch eine Beteiligung der Planbetroffenen an der Planaufstellung zu erreichen versucht.

Da Planung vor allem aufgrund des aufwendigen Prozesses der Planerstellung und -revision ein sehr teures, zeitaufwendiges Koordinationsinstrument ist, findet es in privatwirtschaftlichen Organisationen unter **Wirtschaftlichkeitsgesichtspunkten** lediglich bei komplexer Aufgabenumwelt und erst ab einer bestimmten Grösse Anwendung.

Abschliessend ist zu den **verfahrensorientierten Konzepten** der Koordination festzuhalten, dass sie in ihrer Tendenz zur Bürokratisierung der Organisation neben unbestreitbaren Stabilisierungsfunktionen auch erhebliche unbeabsichtigte Dysfunktionen aufweisen. Bürokratien sind unflexibel und kaum anpassungsfähig gegenüber Veränderungen in der Umwelt von Organisationen und geben dem Mitarbeiter kaum Gelegenheit zur Persönlichkeitsentfaltung und -entwicklung.
Dies ist nicht zuletzt darauf zurückzuführen, dass den Konzepten ein **Menschenbild** zugrunde liegt, wonach der Mitarbeiter in seinen Handlungen ausschliesslich von rationalen, wirtschaftlichen Überlegungen geleitet wird, und folglich das ganze Lob-Tadel-System auf monetären Anreizen und disziplinarischen Sanktionen aufgebaut ist.

Die Bedeutung der formalen Organisationsstruktur sowie das Ausmass der verfahrensorientierten Koordination ist (abgesehen von flexibler Planung) in der letzten Zeit zurückgegangen. Dies hat mehrere Gründe. Einmal begünstigen **Diskontinuitäten in den Umwelten** von Unternehmungen sowie hohe Aufgabenvariabilität Massnahmen zu einer Erhöhung der organisatorischen Flexibilität, die mit starren Organisationsanweisungen bzw. Plänen nicht zu erreichen ist. Zum anderen hat sich das Wertsystem der heutigen Mitarbeitergeneration gegenüber demjenigen früherer Generationen erheblich gewandelt. Folgende **Erwartungen** werden verstärkt geäussert:

- Wunsch nach Arbeit in Gruppen, nach kollegialer Kooperation

- Wunsch nach anregender, zufriedenstellender Arbeit
- Wunsch nach Selbst- und Mitbestimmung bei der Arbeit.

Diesen Wünschen ist u. a. mit weniger Strukturierung und Steuerung zu begegnen. Damit werden für die organisatorische Effizienz die selbstbestimmten Teile des Verhaltens am Arbeitsplatz immer wichtiger. In dieser Situation sind Versuche des Managements, positiv auf die Leistungsmotivation der Mitarbeiter einzuwirken, naheliegend. Neben die Gestaltung der Organisationsstruktur treten Massnahmen zur Beeinflussung der Organisationskultur.

2. Verhaltensorientierte Koordination

a) Motivation

Unter Motivation als Managementaufgabe versteht man alle Massnahmen zur Aktivierung von **Motiven** (noch nicht aktualisierte Beweggründe des Verhaltens) zu organisationsdienlichen Verhaltensweisen. Motivation wird vor allem auf Grund des weiter vorn beschriebenen Auseinanderfallens von Unternehmungszielen und Arbeitnehmerzielen und des damit abhandengekommenen Sinns fremdbestimmter Arbeit notwendig.

Bis in die vierziger Jahre können die Ansichten und das Wissen der Manager über Motivation als äusserst einfach und undifferenziert bezeichnet werden. Mitarbeiter werden – so die klassische Annahme – primär durch **ökonomische Anreize** motiviert und in zweiter Linie durch einen sicheren Arbeitsplatz und gute Arbeitsbedingungen. Diese Sichtweise liegt auch den Arbeiten *Taylors* zugrunde, der empfahl, einen möglichst engen Zusammenhang zwischen Lohn und individueller Leistung herzustellen. Durch systematische Arbeitsanalysen sollte die beste Methode der Aufgabenerledigung gefunden und dem Arbeiter vorgeschrieben werden. Er war davon überzeugt, dass es eine beste Methode (one best way) für alle Mitarbeiter in allen Arbeitssituationen gäbe. Durch die Ermittlung und Vorgabe von Normen aufgrund ‚wissenschaftlich' analysierter Arbeitsabläufe und -zeiten wurde es für die Arbeiter immer schwerer, eine aus ihrer Interessenlage heraus verständliche Leistungszurückhaltung durchzuhalten. Darüber hinaus verhinderten u. a. der individuell ermittelte Leistungslohn und das ‚Gewinnstreben' des Einzelnen eine Solidarisierung von Arbeitern.

Der Mitarbeiter wurde als homo oeconomicus nur in seinen formellen Beziehungen innerhalb der Hierarchie berücksichtigt; er wurde als ebenso logisch und rational organisierbar und planbar angesehen wie technische Arbeitsabläufe.

In dem Masse allerdings, in dem der Arbeiter einerseits die tayloristischen Methoden der **Arbeitsintensivierung** zu durchschauen begann und sich andererseits seine Position gegenüber dem Arbeitgeber verstärkte (Aufkommen der Gewerkschaften, verbesserte Sozialgesetzgebung), regte sich Opposition, die sich in Arbeitszurückhaltung und -verweigerung bis hin zu destruktiven Handlungen (Sabotage an Maschinen, Ausschussproduktion) niederschlug. Aber auch weniger offensichtliche Unzufriedenheitsäusserungen wie Absentismus und Kündigungen veranlassten das Management, nach neuen Motivationsansätzen zu suchen, um die wieder grösser werdende Diskrepanz zwischen objektiver Leistungsfähigkeit und subjektiver Leistungsbereitschaft zu verringern.

Hier halfen die in den Jahren 1929–1932 im Hawthorne Werk der *Western Electric Comp.* (USA) durchgeführten Experimente weiter **(Hawthorne Experimente).** Gegenstand der Untersuchungen war der Einfluss von Arbeitsbedingungen (Pausenregelung, Arbeitsräume, Licht- und Luftverhältnisse, Farbengestaltung etc.) auf die Arbeitsleistung von Arbeitern. Die entscheidenden Erkenntnisse brachte das ‚Bank-Wiring-Room' Experiment, bei dem zwei Gruppen von Arbeiterinnen über einen Zeitraum von sechs Monaten beobachtet wurden. Während bei der ersten Gruppe die Arbeitsbedingungen konstant gehalten wurden, hat man sie bei der zweiten partiell verändert. Im Laufe der Untersuchung stiegen die Leistungen laufend, und zwar in beiden Gruppen. Dieses überraschende Ergebnis lenkte die Aufmerksamkeit der Managementforscher auf das Phänomen der informellen Gruppe und deren Auswirkung auf die Leistungsmotivation. Arbeitsleistung (output) ist eben nicht (nur) eine Funktion physikalischer Arbeitsbedingungen, sondern auch davon abhängig, wie Arbeiter behandelt werden, wie sie ihre Arbeit, Mitarbeiter und Vorgesetzten wahrnehmen. Sie finden ihre Identität in der Gruppe; Gruppennormen und Kollegenmeinungen sind wichtiger als die von Managern und Kontrolleuren. Der Manager muss weniger über technische als vielmehr über soziale Fertigkeiten verfügen (Human-Relations-Techniken). Solche Techniken umfassen etwa die Schulung der Vorgesetzten im höflichen und freundlichen Umgang mit den Untergebenen (Mitarbeitergespräche), Hilfe bei betrieblichen und privaten Problemen im Rahmen eines Personalberatungsdienstes (Personnel Counseling Program) sowie Anerkennung guter Leistungen. Sie dienen primär dazu, der Entpersönlichung der menschlichen Beziehung in den grossen Fabriken entgegenzuwirken sowie den zunehmenden Einfluss der Gewerkschaften in den Betrieben zurückzudrängen.
Im Zuge der **Human Relations Bewegung** wurde erkannt, dass es neben den ökonomischen noch andere Faktoren gibt, die das Leistungsverhalten beeinflussen, wie z. B. informelle Normen und Führerschaft, Grup-

penbeziehungen. Die zentrale Annahme lautet: hohe Zufriedenheit führt auch zu hoher Leistung.
Einen Schritt weiter geht das **Human Resources Modell.** Mitarbeiter werde hier als Reservoir einer Vielzahl potentieller (managementdienlicher) Fähigkeiten und Fertigkeiten angesehen, und es ist Aufgabe und Verantwortung des Managers herauszufinden, wie diese Anlagen am besten zu aktualisieren, zu fördern und weiterzuentwickeln sind (Human Resource Management).
Unter den Bezeichnungen **Humanisierung der Arbeit** und ,Qualität des Arbeitslebens' werden in den siebziger Jahren im Bereich der Wirtschafts-, Sozial- und Arbeitswissenschaften verstärkt Untersuchungen über implizite (Fluktuation, Absentismus, Ausschuss, Dienst nach Vorschrift) und explizite (artikulierter Unmut, spontane Arbeitsniederlegung) Unzufriedenheitsäusserungen von Arbeitskräften durchgeführt. An sog. ,Neue Formen der Arbeitsgestaltung bzw. Arbeitsorganisation' wird die Erwartung geknüpft, dass sie die im Zuge extremer Arbeitsteilung festgestellten Dysfunktionen korrigieren sollen. Vor allem die in den USA entwickelten Reformansätze wie Job Enlargement, Job Enrichment, Job Rotation, teilautonome Arbeitsgruppen sind in deutschen Reorganisations-Projekten rezipiert worden. Trotz vieler gutgemeinter Ansätze zur Humanisierung der Arbeit kann nicht übersehen werden, dass die diskutierten Humanisierungsmassnahmen nicht zu tiefgreifenden Veränderungen der Situation abhängiger Arbeitnehmer geführt haben. Positiv für das Management ist aber die Tatsache, dass Humanisierungsstrategien der Arbeit die Zusammenhänge zwischen Arbeitsorganisation, Tätigkeit und Qualifikation mehr in den Vordergrund gestellt und Möglichkeiten entwickelt haben, das vorhandene Wissen und die Fertigkeiten der Arbeitnehmer unter Berücksichtigung der motivationalen Konsequenzen effizienter zu nutzen.
Die dysfunktionalen Konsequenzen der **Unterforderung** sind erst in letzter Zeit deutlicher erkannt, und Massnahmen zu deren Abwendung sind ergriffen worden. Vor allem die neueren Modelle der Motivationssteigerung und Erhöhung der **Arbeitszufriedenheit** wollen bei der Neugestaltung der Arbeit Tätigkeitseigenschaften wie Mannigfaltigkeit, Autonomie, Interaktionsmöglichkeiten, Verantwortlichkeit, Aufgabenumfang, Rückkopplung stärker berücksichtigen und vor allem auch Wissen und Fertigkeiten erweitern.

Allerdings konnten die intendierten Wirkungen (Leistungssteigerung und Zufriedenheit) einer Aufgabenerweiterung, -bereicherung und Arbeitsplatzrotation nur dann erreicht werden, wenn eine situationsadäquate Zuordnung von Wissen, Fertigkeiten und Aufgaben möglich war.

Ursachen für Misserfolge solcher Arbeitsstrukturierungsmassnahmen

sind nicht nur in mangelhafter Leistungsmotivation, sondern auch in Fähigkeitsdefiziten zu suchen. Dies macht die grosse Bedeutung der **Weiterbildung** im Zusammenhang mit den Humanisierungsmassnahmen deutlich.
Humanisierungsmassnahmen werden sinnvollerweise in umfassende Konzepte der Organisationsentwicklung eingebettet. Unter **Organisationsentwicklung** (Übersetzung des amerikanischen Organization Development) wird eine Form des geplanten organisatorischen Wandels verstanden, der vom Management mit der Absicht eingeleitet wird, die Funktionsweise der Gesamtorganisation oder wesentlicher Teile davon mit dem Ziel der Effizienzverbesserung zu ändern.

Organisationsentwicklung ist ein anwendungsbezogener Ansatz innerhalb der verhaltensorientierten Organisationsforschung, der auf eine planmässige mittel- bis langfristig wirksame Veränderung abzielt, und zwar der

- individuellen Verhaltensmuster, Einstellung und Fähigkeiten von Organisationsmitgliedern,
- Organisationskultur und des Organisationsklimas
- Organisations- und Kommunikationsstrukturen sowie der strukturellen Regelungen im weitesten Sinne (wie Arbeitszeit, Lohnformen). Machtstrukturen bleiben verständlicherweise unangetastet.

Hierzu sollen bei der Organisation bzw. ihren Mitgliedern Lernprozesse eingeleitet und durch geeignete Methoden bzw. Instrumente der Veränderung unterstützt werden.
Die Befriedigung von Bedürfnissen nach sinnvoller Arbeit, sozialer Anerkennung und Selbstverwirklichung werden dabei als wesentliche Voraussetzung (Mittel) für eine Steigerung der Effizienz der Unternehmung angesehen und nicht als eigenständige Ziele. Zur Rechtfertigung dieser Vorgehensweise wird von den Befürwortern von Organisationsentwicklung behauptet, zwischen beiden Zielen (Humanisierung und Effizienz) bestünde Harmonie, und durch Organisationsentwicklungsmassnahmen könnten beide Ziele gemeinsam erreicht werden. Die Rede von der Zielharmonie soll ganz offensichtlich über die fundamentalen **Interessengegensätze** zwischen Arbeitgebern und Arbeitnehmern hinwegtäuschen.

Nach diesem kurzen historischen Überblick über die Herausbildung der wichtigsten **Motivationstechniken** in den Händen des Managements

- *Taylorismus*
- *Human-Relations*
- *Arbeitsstrukturierung*
- *Organisationsentwicklung*

soll im folgenden Abschnitt untersucht werden, inwieweit Erkenntnisse der psychologischen **Motivationsforschung** zur Leistungssteigerung genutzt werden können.

Im Zentrum des Managementinteresses stehen heute im Zusammenhang mit der Motivation folgende Fragen:

- Was motiviert einen Menschen, in eine bestimmte Unternehmung einzutreten und dort zu bleiben *(Teilnahmeentscheidung)?*
- Was motiviert den Mitarbeiter, einen produktiven Beitrag zur Erreichung der Unternehmungsziele zu leisten *(Leistungsentscheidung)?*

Bei der Beantwortung dieser Fragen (was motiviert?) kann auf zwei unterschiedliche **Erklärungsansätze** zurückgegriffen werden:

- *interne* Ansätze erklären Verhalten aus individuellen Bedürfnislagen und Motivstrukturen der (potentiellen) Mitarbeiter
- *externe* Ansätze erklären Verhalten eher lerntheoretisch aus Anreizen und Belohnungen der Umwelt.

Im Rahmen der *internen Ansätze* versuchen Manager, mehr über die gegenwärtige Bedürfnis- und Motivationsstruktur von Mitarbeitern sowie über deren Entwicklung in den letzten Jahren zu erfahren. Kenntnisse hierüber stellen ihrer Meinung nach die Voraussetzung dar für eine gezielte, d. h. der individuellen Situation des Mitarbeiters angepasste Leistungsmotivation. Hierbei wird i. d. R. auf die **Bedürfnishierarchie** von *Maslow* (1954) zurückgegriffen (vgl. Abb. 5.1).

Externe Ansätze vernachlässigen dagegen die je spezifische Bedürfnislage und setzen auf externe Stimuli, vor allem auf die Verstärkung der Konsequenzen des Verhaltens (Belohnung, Bestrafung). Diese auf behavioristischen Lerntheorien basierenden Verhaltenskontrollen dominieren nach wie vor in der betrieblichen Praxis.

Einer an die individuelle Prädisposition angepassten Motivationsaktivierung steht auch die traditionelle **Personalpolitik** entgegen, die sich herkömmlicherweise auf generelle, meist für die gesamte Unternehmung gültigen Instrumente verlässt. Dies sind vor allem:

- Engeltpolitik (Lohn, Erfolgsbeteiligung)
- Sozialleistungspolitik
- Politik der Aufgabenverteilung (Stellenbeschreibung, Arbeitsstrukturierung)
- Gestaltung der Arbeitsbedingungen
- Informationspolitik
- Führungsverhalten (Anerkennung und Kritik)
- Bildungspolitik (Personalentwicklung).

Bedürfnisse	Anreize
a) Grundbedürfnisse	z. B. Entgelt, Gestaltung des Arbeitsplatzes, Abschirmung von Belästigungen und Störungen, verbilligte Einkaufs- und Wohnmöglichkeiten, Kantine, ärztliche Betreuung
b) Sicherheitsbedürfnisse	z. B. Vertrauen in die Zukunft des Unternehmens, Versicherung gegen Krankheit, Unfall, Invalidität und Alter, Sicherheit des Arbeitsplatzes
c) Kontaktbedürfnisse	z. B. Möglichkeiten der Kommunikation am Arbeitsplatz, angenehme Kollegen, mitarbeiterorientierte Vorgesetzte, Problemlösungsgespräche
d) Anerkennungsbedürfnisse	z. B. Aufstiegsmöglichkeiten, übertragene Kompetenzen, Ehrentitel, Gehaltshöhe, Dienstwagen
e) Selbstentfaltungsbedürfnisse	z. B. Delegation, Mitbestimmung bei der Arbeit, partizipative Führung, gleitende Arbeitszeit, abwechslungsreiche Tätigkeit, Fortbildungsprogramme

Abbildung 5.1: Bedürfnisorientierte Anreizgestaltung (*Remer* 1978, S. 123)

Aus diesem Katalog sind die beiden ersten Anreize eher als Belohnung (Abgeltungsfunktion) für die Teilnahme an der Unternehmung zu interpretieren denn als Motive für Leistungsverhalten. Dabei ist die Funktion, die das Arbeitsentgelt im Rahmen der Motivation spielt, nach wie vor heftig umstritten. Ohne Kenntnis der konkreten Arbeitssituation sind generelle Aussagen über die motivationale Stärke einzelner Anreize wenig sinnvoll.

Eine sehr populäre, aber viel zu verkürzte Darstellung der Einflussfaktoren des **Leistungsverhaltens** bietet die einfache multiplikative Verknüpfung der Variablen *Fähigkeit* und *Motivation:*

$$\text{Leistung} = f\,(\text{Fähigkeit} \times \text{Motivation})$$

Vorausgesetzt, die Variablen liessen sich quantifizieren, ergibt sich das Leistungsniveau als Fläche der Rechtecke in Abbildung 5.2:

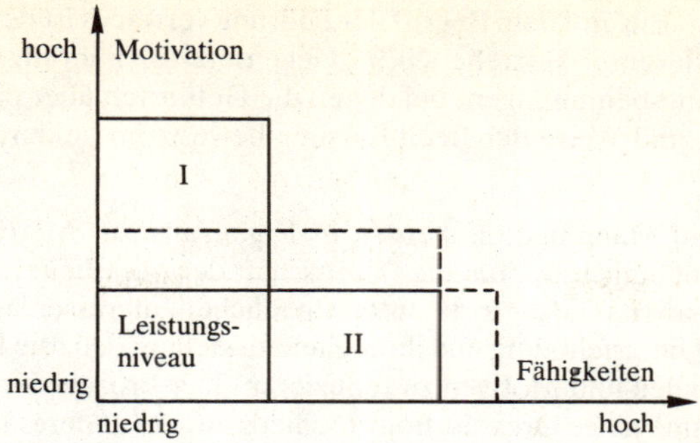

Abbildung 5.2: Leistung in Abhängigkeit von Motivation und Fähigkeiten

Das gleiche Leistungsniveau wird bei Person I durch eine sehr hohe Motivation bei mittleren Fähigkeiten und bei Person II durch sehr hohe Fähigkeiten bei mittlerer Motivation erreicht.
Die für das Management daraus abzuleitenden Gestaltungsempfehlungen liegen auf der Hand. Bei Person II bringt eine weitere Verbesserung der Fähigkeiten (etwa durch eine Schulungsmassnahme) nur marginale Leistungszuwächse, während eine verstärkte Motivation (etwa durch job enrichment) bedeutend höheren Leistungsgewinn verspricht (vgl. gestrichelte Linien in Abb. 5.2). Bei Person I bietet sich eine umgekehrte Strategie an.

Verständlicherweise interessiert sich das Management einer Unternehmung bei der Suche nach Einflussfaktoren der Leistung auch für den Zusammenhang zwischen **Zufriedenheit** und **Leistung.** Die von der Human Relations Bewegung aufgestellte Behauptung eines engen Zusammenhangs zwischen Zufriedenheit und Leistung konnte in empirischen Untersuchungen *nicht* bestätigt werden. Generelle Aussagen über den Zusammenhang zwischen Leistung und Zufriedenheit erscheinen mir überhaupt ziemlich unsinnig; erst die nähere Kenntnis von Person und Situation erlaubt fundierte Prognosen.
Auf Personen und Situationen im Sinne der Unternehmungsziele einzuwirken, ist Aufgabe der Personalführung.

b) Führung

Unter **Führung** als Managementaufgabe versteht man die Beeinflussung der Einstellungen und des Verhaltens von Einzelpersonen sowie der Interaktionen in und zwischen Gruppen mit dem Zweck, bestimmte Ziele zu erreichen. Eng mit dem Begriff der Führung verwandt ist der der **Manipulation.** Hierunter verstehe ich im Gegensatz zur Führung nur solche Beeinflussungsbemühungen, bei denen die Geführten über die Ziele sowie die Art und Weise der Beeinflussung bewusst im unklaren gelassen werden.

Führung und Manipulation werden in Ergänzung zur Motivation vom Management eingesetzt, um die Bereitschaft der Mitarbeiter zu fördern, ihre volle Arbeitskraft – trotz unterschiedlicher Interessenlage – in den Dienst der Unternehmung und ihrer Ziele zu stellen, d. h. die Diskrepanz zwischen Zielen und Motiven zu reduzieren. Der Prozess der bewussten Einflussnahme eines Organisationsmitglieds auf ein anderes im Hinblick auf ein bestimmtes Ziel kann auf sehr unterschiedlichen **Machtgrundlagen** (formale wie Amtsautorität oder personale wie Expertenautorität) beruhen, die i. d. R. unterschiedliches Führungsverhalten (autoritär, partizipativ) zur Folge haben (vgl. auch S. 104 der Arbeit).
Lange Zeit wurde in Wissenschaft und Praxis die Auffassung vertreten, der personale, verhaltenswissenschaftliche Teil der Managementlehre (die Personalführung) sei eine nicht lehr- und lernbare Kunst. Diese Sichtweise basiert u. a. auf dem Glauben an die allein ausschlaggebende Bedeutung des Führers für den Führungserfolg.

Unter dem Einfluss individualistischer Persönlichkeitstheorien und des Sozial-Darwinismus entstand als historisch ältester Erklärungsansatz der Führung die sog. **Eigenschaftstheorie.** Im Mittelpunkt des Forschungsinteresses steht die Frage, was einen erfolgreichen von einem erfolglosen Führer, oder was den Führer von den Geführten unterscheidet. Die Antwort lautet: Es gibt eine endliche Menge von messbaren Persönlichkeitszügen, die den Führer vor Nicht-Führern auszeichnet. Entwicklungsgeschichtlich waren dies zunächst physische Eigenschaften (wie Stärke, Grösse, Gesundheit, Konstitution), später erbliche Führerschaft (Adel), dann psychische und persönliche Eigenschaften (wie Intelligenz, Selbstsicherheit, Verantwortungsgefühl, Leistungsmotivation, hohe Frustrationstoleranz).

Eigenschaftstheoretische Erklärungsversuche beziehen weder die Eigenschaften der Geführten noch die Aufgabe und die notwendigen Interaktionen ein. Sie sind insofern statisch, als sie nichts über die Entwicklung zum Führer und des Führers im Zeitablauf aussagen. Sie können Hinweise dafür geben, warum ein Manager zu einem bestimmten Zeitpunkt eine Führungsposition inne hat, aber nicht darüber, warum er in dieser Position erfolgreich oder erfolglos ist. Die Praxis des Managements hat gezeigt, dass ein Führer mit sog. führungsrelevanten Eigenschaften keineswegs universell einsetzbar und in jedem Fall erfolgreich sein muss;

denn erfolgreiche Führer im Sinne der Eigenschaftstheorie versagen häufig bei neuartigen Führungssituationen oder ungewohntem Gruppenverhalten (der Geführten).
Trotz ihrer eingeschränkten Gültigkeit wird die Eigenschaftstheorie in der Praxis des Managements nach wie vor sehr geschätzt, vor allem von denjenigen, die Führungspositionen innehaben.
Aufgrund der Tatsache, dass Führer, mit welchen Eigenschaften auch immer, verstärkt ihr Verhalten gegenüber den Untergebenen legitimieren mussten, wurde es notwendig, die Herrschaftsausübung zu objektivieren und persönliche Willkür zu reduzieren.

Ganz in diesem Sinne wendet sich Ende der vierziger Jahre in den USA das Interesse der Führungsforschung immer mehr ab von der Suche nach typischen Führereigenschaften (wer ist Führer?) und hin zu dem Studium des **Führungsverhaltens** (was tut ein Führer?). Ähnlich wie im Taylorismus, wo jede Bewegung des Arbeiters, die nicht unmittelbar dem Produktionsprozess dient, eliminiert wird, soll die Arbeit des Führers von allem Irrationalen und Zufälligen befreit werden, das nicht dem Führungsprozess dient. Diese Forschungsorientierung leitet eine Vielzahl typologisierender, experimenteller und empirischer Arbeiten ein, die im deutschsprachigen Raum vor allem unter dem Schlagwort Führungsstil-Forschung diskutiert werden. Unter einem **Führungsstil** versteht man die Beschreibung eines situationsbeständigen Führungsverhaltens, d. h. ein Verhalten, das der Führer stets, auch in veränderten Situationen, beibehält.

Anders als die in Europa vorherrschende typologisierende Führungsstil-Forschung hat die empirische Forschung in den USA zwei zentrale Dimensionen zur Beschreibung des Führungsverhaltens isoliert, nämlich

- *Beziehungsorientierung* (Mitarbeiterorientierung) und
- *Aufgabenorientierung* (Leistungsorientierung).

Während einige Forscher annehmen, dass sich Beziehungs- und Aufgabenorientierung gegenseitig ausschliessen, sind andere der Ansicht, dass ein Führer sowohl hohe Beziehungs- als auch Aufgabenorientierung zeigen könne und umgekehrt. Letztere Auffassung hat sich in der jüngsten Vergangenheit weitgehend durchgesetzt, nicht zuletzt deshalb, weil sie den Funktionserfordernissen effizienter Führung am ehesten gerecht wird.
Die empirisch ermittelten Beschreibungsdimensionen *Beziehungsorientierung – Aufgabenorientierung* ziehen sich durch die gesame Führungsliteratur und dienen auch als Basis einer Vielzahl von praxisorientierten **Führungskonzepten.**

Kritisch ist zu den Verhaltens-Ansätzen zu sagen, dass sie zwar Führungs- und Gruppenverhalten zu deuten und zu prognostizieren versuchen, dabei aber die wesentlichen Einflussfaktoren *Aufgabe* und *Situation* vernachlässigen.

Der heute weithin akzeptierte **Situationsansatz der Führung** analysiert das Führungsverhalten in Abhängigkeit von der Gruppe (Geführte), der Aufgabe und der Führungssituation und kommt folgerichtig zu der Annahme, dass unterschiedliche Gruppen- und Führungssituationen auch unterschiedliche Führungsstile erfordern. Es gibt keinen ‚one best way' in der Führung und auch keinen ‚great man', der in allen Situationen und zu jeder Zeit erfolgreich ist. Erfolgreich ist der Führer, der über analytische Fähigkeiten verfügt (Analyse der Aufgabe, der Situation und der Gruppe) und sein Führungsverhalten den Umständen entsprechend modifizieren kann. Wie dies erfolgen kann, darüber existiert heute schon eine Reihe von Ansätzen, die auch in der Praxis Beachtung gefunden haben (vgl. *Staehle* 1990).

Neben umfassenden Führungskonzepten stützt sich das Management noch auf zwei weitere Koordinationsinstrumente:

- *Führungsgrundsätze* (Leitlinien) und
- *Führungstechniken* (Management by-Techniken).

Führungsgrundsätze sind schriftlich formulierte Richtlinien, die Führungskräfte bei ihrer Führungstätigkeit zugrunde legen sollen. Sie sind bewusst situationsunabhängig gefasst und stellen deshalb i. d. R. lediglich abstrakte generelle Statements dar, wie z. B.: „Jeder Verantwortungsträger übernimmt die Verpflichtung, in seiner persönlichen und fachlichen Handlungsweise Vorbild zu sein."

In den weitaus meisten Führungsgrundsätzen wird eine Form partizipativen bzw. kooperativen Führungsverhaltens proklamiert. Die Forderung nach einem **kooperativen Führungsstil** hat ihre Wurzeln in der Human Relations-Bewegung. Wie in den dreissiger Jahren, so legt dieser Stil auch heute noch den Schwerpunkt auf die Beziehungsorientierung. Intendiert ist damit vom Management allerdings weniger eine Demokratisierung als eine Förderung der Akzeptanz von Entscheidungen durch Einholen von Meinungen der Geführten und deren mögliche Berücksichtigung bei der Entscheidungsfindung. Der kooperative Führungsstil wird heute in Führungsgrundsätzen formell verankert und durch Trainingsmassnahmen in faktische Verhaltensänderungen umzusetzen gesucht.

Ein Blick in die praxisorientierte Fachliteratur lässt den Eindruck entstehen, es werde oder solle nur noch kooperativ geführt werden. Die generell an Führungsstilen geäusserte Kritik, insbesondere die Nicht-Beachtung der Führungssituation bei der Ableitung von Führungsstil-Empfehlungen, wird nur vereinzelt aufgenommen. Neu, und auf den ersten Blick überraschend, ist die vermehrt zu findende Forderung nach einem kooperativen Führungsstil bei gleichzeitig situativer Führung. Überraschend sind solche Forderungen deshalb, weil sie vor dem Hintergrund der heutigen Führungsforschung, die vom situativen Ansatz beherrscht wird, als miteinander unvereinbar erscheinen. Gemeinhin wird ein kooperativer Führungsstil als einer von mehreren möglichen Führungsstilen begriffen, der immer dann und nur dann einen Beitrag zur Steigerung von Leistung und/oder Zufriedenheit verspricht, wenn die Führungssituation ihm angemessen ist. Die defizitäre Begriffsbildung und -verwendung im Bereich der Führung lässt jedoch auch die Interpretation zu, dass lediglich die Grundausrichtung des Führungsstils kooperativ sein soll. Im Einzelfall darf und soll jedoch sehr wohl von dieser Grundausrichtung taktisch abgewichen werden. In diesem Fall wird ein breites Spektrum mehr oder weniger kooperativen Führungsverhaltens mit dem Etikett *kooperativ* versehen, auch wenn einzelne Ausprägungen diese Bezeichnung nicht verdienen (geschweige denn die Bezeichnung *partizipativ* oder *demokratisch*). Es besteht der Verdacht, dass die Führungspraxis in Unternehmungen, die unter den herrschenden Bedingungen notwendig situativ zu sein hat, mit diesem Etikett verschleiert, dass häufig *autoritär* geführt wird.

Eine Realisation kooperativen Führungsverhaltens setzt die Entwicklung der Führenden und Geführten, aber auch den Abbau struktureller Hemmnisse voraus. Keine dieser Voraussetzungen wird mit der Proklamation von Führungsgrundsätzen geschaffen; sie stellen eher eine Massnahme des Personalmarketing dar. Darüber hinaus besteht der Verdacht, dass durch die in unverbindlichen Grundsätzen propagierte Partizipation an einzelnen Führungsaufgaben ein Substitut für echte **Mitbestimmung** bzw. Mitwirkung, als formal-rechtlich abgesicherte Teilhabe an Entscheidungsprozessen, entwickelt werden soll.

Wesentlich konkreter, aber ebensowenig in ihren Anwendungsbedingungen spezifiziert sind die sog. **Führungstechniken,** die im deutschen Sprachraum als Management by-Techniken bekannt geworden sind. Führungstechniken stellen Führungshilfen für den Manager dar, die ihn bei der Ausübung seiner Führungstätigkeit unterstützen sollen. Zu den wichtigsten zählen

- *Management by Objectives,* MbO (Führung durch Zielvereinbarung)
- *Management by Exception,* MbE (Führung in Ausnahmefällen).

MbO ist eine Führungstechnik, bei der Vorgesetzte und nachgeordnete Mitarbeiter gemeinsam Ziele festlegen, ihren jeweiligen Verantwortungsbereich für bestimmte Ergebnisse abstecken und auf dieser Grundlage ihre Abteilung führen und die Leistungsbeiträge der einzelnen Mitarbeiter bewerten.

MbE ist eine Führungstechnik, bei der Vorgesetzte nur ausnahmsweise eingreifen, und zwar bei aussergewöhnlichen Abweichungen der Ist-Daten von den vorgegebenen Standards.

Eine der wesentlichen Erwartungen, die das Management einer Unternehmung an einen Führungsstil, ein Führungskonzept oder eine Führungstechnik knüpft, ist, dass damit das Leistungsniveau quantitativ und qualitativ verbessert oder zumindest stabilisiert wird. Die kühne Behauptung eines direkten Zusammenhangs zwischen **Führung** und **Leistung** wird aus dem Bemühen der ersten Führungsforscher heraus verständlich, die Aufmerksamkeit der Manager auf die Bedeutung alternativen Führungsverhaltens – hier besonders die Leistungsvorteile partizipativer Führung – zu lenken. Empirische Untersuchungen haben diesen engen Zusammenhang nicht bestätigt. Eher spricht einiges für die umgekehrte Wirkungsrichtung ‚Leistung → Führung'. Durch hohe bzw. zufriedenstellende Leistung werden der Manager und die Geführten von Leistungsdruck entlastet, und der direkte Vorgesetzte kann es sich erlauben, mehr mitarbeiterorientiert zu führen. Ihm bleibt auch mehr Zeit, sich um das Wohlergehen und die Bedürfnisse seiner Mitarbeiter zu kümmern.
Bedeutsam an der jüngeren Führungsforschung erscheint vor allem die Verlagerung des Forschungsinteresses weg von der Untersuchung der Beziehungen zwischen Führungseigenschaften bzw. Führungsverhalten und Leistung hin zu der Beziehung zwischen Geführten (und deren Charakteristika) und Leistung. Letztlich sind es nämlich nicht die Handlungen des Führers, sondern die der Geführten, die unmittelbar Leistung erbringen.

Literaturhinweise

Zu 1: **Verfahrensorientierte Koordination**

Mayntz, R. (Hrsg.), Bürokratische Organisation, Köln/Berlin 1968

Simon, H. A., Entscheidungsverhalten in Organisationen, Landsberg a. Lech 1981

Staehle, W. H., Management, 6. Aufl. München 1991

Wild, J., Grundlagen der Unternehmungsplanung, 4. Aufl. Opladen 1982

Zu 2: **Verhaltensorientierte Koordination**

Maslow, A. H., Motivation und Personality, New York usw. 1954

Remer, A., Personalmanagement: Mitarbeiterorientierte Organisation und Führung von Unternehmungen, Berlin/New York 1978

Rosenstiel, L. v., Die motivationalen Grundlagen des Verhaltens in Organisationen. Leistung und Zufriedenheit, Berlin 1975
Staehle, W. H., Management, 6. Aufl. München 1991
Türk, K., Personalführung und soziale Kontrolle, Stuttgart 1981
Wunderer, R./Grunwald, W., Führungslehre, 2 Bde, Berlin/New York 1980

Kapitel VI: Management von Funktionsbereichen

In den folgenden Abschnitten werden exemplarisch einige Managementaufgaben skizziert, so wie sie in der Institution *Unternehmung* heute typischerweise auftreten. Dabei folgt die Darstellung einer Betrachtung von aussen nach innen, d. h. die Probleme werden von ihrer Entstehung in der Umwelt von Unternehmungen bis hin zu ihrer Bewältigung in den einzelnen arbeitsteilig organisierten Funktionsbereichen beschrieben. Dem **strategischen Management** kommt dabei die Aufgabe des Brückenschlags zwischen aussen und innen, zwischen Umwelt und Unternehmung zu. Generelle Ziele und strategische Pläne werden dann in den einzelnen Funktionsbereichen in **konkrete** Handlungsprogramme umgesetzt.[1] Dies ist die Aufgabe des **operativen Managements.**

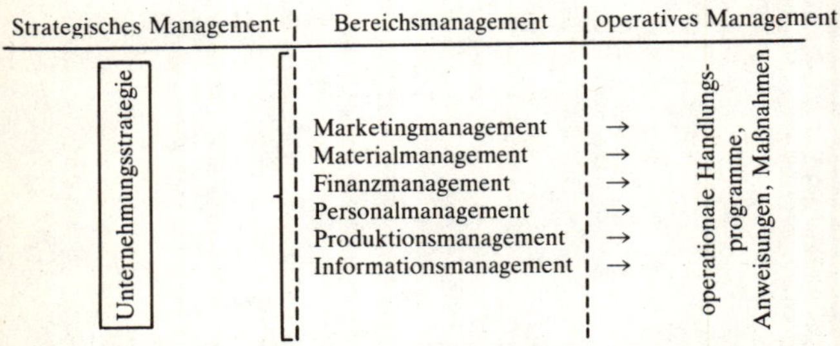

Abbildung 6.1: Der Zusammenhang zwischen strategischem und operativem Management

Je nach der Ebene, für welche die Strategie Gültigkeit haben soll, unterscheidet man:

1 Konkret hinsichtlich Inhalt, Ausmass, zeitlichem Bezug, Ressourcenerfordernis.

- *Unternehmungsstrategien* (integrierte Gesamtstrategie)
- *Geschäftsbereichsstrategien* (für homogene Produkt/Markt-Kombinationen)
- *Funktionsbereichsstrategien*

1. Unternehmungsstrategie als Ausgangspunkt für Bereichsmanagement

Unternehmungsstrategie umfasst die langfristigen Ziele einer Unternehmung, die Politiken und Richtlinien sowie die Mittel und Wege zur Erreichung der Ziele. Eine so formulierte Unternehmungsstrategie lässt erkennen, welches Geschäft die Unternehmung betreibt oder betreiben soll. Damit erfährt der ursprünglich aus dem militärischen Bereich stammende Strategiebegriff, Mittelwahl zur Erreichung vorgegebener Ziele, eine erhebliche Ausweitung. Strategie in diesem weiten Sinn umfasst eben auch die Zielplanung und die Festlegung der Politik sowie deren legitimierende Absicherung nach innen und aussen.
Die **Zielplanung** betrifft hier primär die Wahl der Sachziele, denn das Formalziel *Gewinnerzielung* steht in einer kapitalistischen Wirtschaftsordnung für Unternehmungen nicht zur Disposition, es leitet sich zwangsläufig aus der privatwirtschaftlichen Funktionsbestimmung der Unternehmung ab.
Im einzelnen sieht das Konzept folgende Schritte vor (vgl. Abb. 6.2):

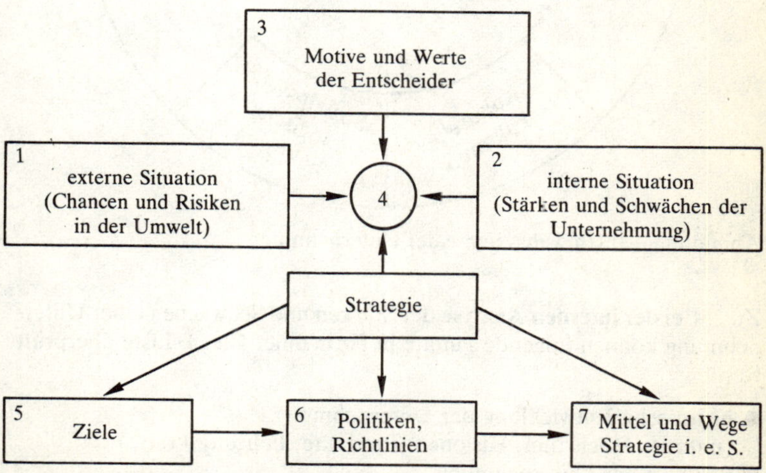

Abbildung 6.2: Grundschema strategischer Vorgehensweise

Zu 1: Bei der **Analyse der Umwelt** empfiehlt es sich, zwischen mittelbaren und unmittelbaren Umwelteinflüssen auf die Unternehmung zu unterscheiden.

Während klassischerweise nur die Interaktion zwischen der Unternehmung und den sie unmittelbar umgebenden Märkten Gegenstand von Umweltanalysen waren, sind im Zuge der zunehmenden Verflechtung der Märkte untereinander sowie mit weiteren Gesellschaftsbereichen auch die Bestimmungsfaktoren der Märkte in die Situations- und Entwicklungsanalyse mit einbezogen worden (vgl. Abb. 6.3 sowie 4.1):

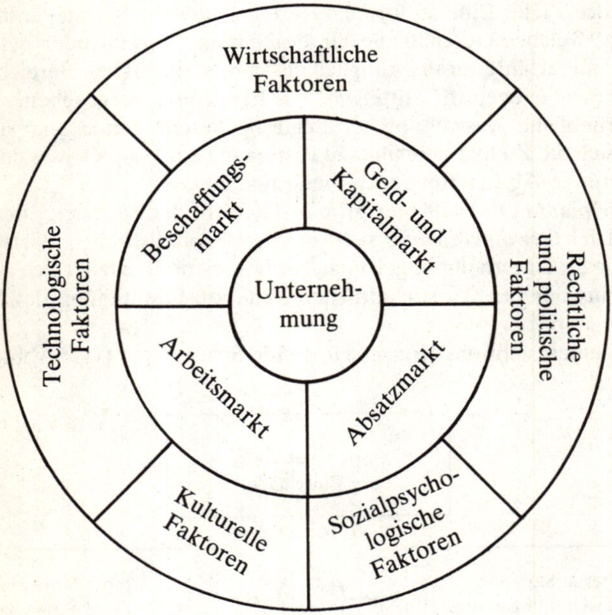

Abbildung 6.3: Umweltsysteme der Unternehmung

Zu 2: Bei der **internen Analyse** der Stärken und Schwächen einer Unternehmung können folgende Punkte in Form einer Check-Liste überprüft werden:

- historische Entwicklung der Unternehmung
  (internes Wachstum, Fusionen, Produkte, Führungskräfte)
- Struktur der Unternehmung
  juristische Struktur (Rechtsform)

geographische Struktur (Standort)
Finanzstruktur (Verschuldungsgrad, Liquiditätslage)
Organisationsstruktur (Verrichtungen, Objekte)
Personalstruktur (Altersaufbau, Qualifikation)

- Ressourcen der Geschäftsbereiche
  Forschung und Entwicklung (Patente, Neuentwicklungen)
  Produktion (Verfahren, Mechanisierungsgrad, Lohnformen)
  Materialwirtschaft (Einkauf, Lagerhaltung, Transport)
  Marketing (Marketing-Instrumente)
  Informationswirtschaft (Planungs- und Kontrollsysteme)
  Personal, Organisation und Management.

Zur Früherkennung von Entwicklungen in der Umwelt und der Unternehmung werden Frühwarnsysteme eingesetzt. Da hier nicht nur negative, sondern vor allem auch für die Unternehmung positive Signale aufgenommen werden sollen, ist der Begriff ungeeignet und sollte durch **Frühaufklärungssysteme** ersetzt werden.

Folgende Frühindikatoren sind von Bedeutung:

Externe Frühindikatoren:

- ökonomische Indikatoren
  (z. B. Geldwert, Arbeitslosigkeit, Sozialprodukt)
- Indikatoren der Marktentwicklung
  (z. B. Auftragseingang, Marktanteile)
- technologische Indikatoren
  (z. B. Patente, Messen, Ausstellungen, Forschungsförderung)
- soziale Indikatoren
  (z. B. Sterblichkeit, Migration, Einstellungen, Werthaltungen)
- politische Indikatoren
  (z. B. Gesetzgebung, Parteiprogramme).

Interne Frühindikatoren:

- finanzwirtschaftliche Kennzahlen (z. B. Rentabilität)
- produktionswirtschaftliche Kennzahlen (z. B. Ausschussrate)
- absatzwirtschaftliche Kennzahlen (z. B. Reklamationsrate)
- personalwirtschaftliche Kennzahlen (z. B. Fluktuation, Absentismus).

Zu 3: Neben der angestrebten Entsprechung zwischen externen Chancen und Risiken sowie den internen Stärken und Schwächen soll die zu entwickelnde Strategie zumindest mit den Motiven und Werten des Top Managements vereinbar sein. Hier sind Fragen der **Managementphilosophie** in der Unternehmung angesprochen, sowie der Motive, warum eine Unternehmung gegründet und betrieben wird. Unter dem Einfluss veränderter ethischer, religiöser, rechtlicher und sozialer Normen sowie unter dem Druck externer Interessengruppen wie Gewerkschaften, Verbraucherverbände, Bürgerinitiativen haben sich zwangsläufig auch die Wertsysteme der verantwortlichen Entscheidungsträger in Unternehmungen geändert und zu einer verstärkten Berücksichtigung sozialer und gesellschaftlicher Anforderungen bei der Strategieformulierung geführt (Unternehmungsethik).

Zu 4: Hier wird untersucht, ob die gegenwärtige Strategie eine optimale Verknüpfung zwischen 1, 2 und 3 darstellt **(Konsistenztest).** Im einzelnen sind folgende Fragen zu beantworten:

- Ist eine Strategie erkennbar, und ist deren Existenz durch Worte oder Handlungen bewusst gemacht worden?
- Berücksichtigt die Strategie alle Möglichkeiten, die der inländische und internationale Markt heute und in der Zukunft bietet?
- Ist die Strategie konsistent mit den gegenwärtigen und zukünftigen Ressourcen der Unternehmung?
- Sind die einzelnen Teilstrategien und Politiken untereinander konsistent?
- Ist der gewählte Risikograd vereinbar mit den ökonomischen und personellen Gegebenheiten?
- Entspricht die Strategie dem Wertsystem der Top Manager?
- Entspricht die Strategie dem Grad der Verantwortung, den man der Gesellschaft/Umwelt gegenüber empfindet?
- Stellt die Strategie einen deutlich erkennbaren Anreiz zur engagierten Mitarbeit aller dar?
- Gibt es Frühindikatoren aus der Umwelt über den Erfolg der Strategie?

Zu 5: Unter einem **Ziel** versteht man den zukünftigen Zustand einer Unternehmung, der von den Eigentümern bzw. vom Management als erstrebenswert angesehen wird. Damit Ziele für das Bereichs- und operative Management handhabbar und letztlich handlungsrelevant werden können, werden folgende Anforderungen an Ziele bzw. Zielsysteme gestellt:

(1) *Quantifizierung*
setzt in numerische Werte fassbare Imperative voraus, eine Masseinheit, eine Messvorschrift und eine Messmethode.

(2) *Operationalität*
setzt Messbarkeit der Zielerfüllung, also Quantifizierung, und eine an den Handelnden angepasste Zielformulierung voraus, d. h.: das Ziel muss für den jeweils Entscheidenden oder Ausführenden verständlich sein, was durch Anpassen an deren jeweilige Stellung in der Organisation erreicht werden kann.

(3) *Konsistenz* und *Kompatibilität*
setzt voraus, dass alle artikulierten und autorisierten Ziele berücksichtigt sind, miteinander kompatibel sind und möglichst untereinander harmonieren.
(4) *Autorisierung,* schriftliche *Formulierung* und organisationsweite Bekanntmachung.

Zu 6: Während Ziele einen erwünschten, angestrebten Zustand der Unternehmung in der Zukunft beschreiben, beziehen sich unternehmungspolitische **Grundsätze** und **Richtlinien** nicht auf einen Zeitpunkt, sondern stellen langfristig gültige Normen und Verhaltensvorschriften dar, an die sich alle Organisationsmitglieder zu halten haben. Solche Grundsätze umfassen etwa:

- Preispolitik (z. B. Grundsätze über Preisnachlässe)
- Marketingpolitik (z. B. Grundsätze über Werbung)
- Produktions- und Einkaufspolitik (z. B. Wartungs- und Ersatzpolitik, Eigenfertigung vs. Fremdbezug)
- Finanzpolitik (z. B. Finanzierungsregeln)
- Personalpolitik (z. B. Grundsätze der Beförderung, Führungsrichtlinien).

Zu 7: Hier sind die konkreten zeitlich abgestimmten **Aktionen** zu planen und Entscheidungen über den Einsatz von Ressourcen (Kapital, Material, Information, Menschen) zu treffen, um die Unternehmungsziele unter Beachtung obiger Grundsätze und Richtlinien zu erreichen. Im einzelnen geht es um folgende Entscheidungen:

1. Bestimmung der Produkt/Markt-Kombinationen
2. Auswahl der Mittel und Verfahren (z. B. Wahl von Methoden der Forschung und Entwicklung, Festlegung der Produktions- und Vertriebsstruktur)
3. Zuteilung for Ressourcen
4. Festlegung der Hauptaktionsschritte (operatives Management)
5. Festlegung von Kriterien und Standards zur Bewertung der Schritte.

Voraussetzung für die Abgrenzung von **Produkt/Markt-Strategien** ist die Bildung von Produkt/Markt-Kombinationen, d. h. eine Kombination von Merkmalen des Produktes (z. B. Hardware, Software) mit Merkmalen des Marktsegments (vgl. Abb. 6.4).

Bei der **Marktdurchdringung** geht es um eine intensivere Bearbeitung des bestehenden Marktes, und zwar sowohl durch eine Steigerung der Absatzmenge je Abnehmer als auch eine Erhöhung der Abnehmerzahl.

Markt / Produkt	gegenwärtig	neu
gegenwärtig	Konservation, Marktdurchdringung	Expansion, Marktentwicklung
neu	Innovation, Produktentwicklung	Diversifikation

Abbildung 6.4: Mögliche Produkt/Markt-Strategien

Die **Marktentwicklung** zielt auf eine Erschliessung neuer (über)regionaler Märkte (z. B. Exportmärkte) und/oder neuer Branchen etwa durch Entwicklung neuer Anwendungsmöglichkeiten für die bestehenden Produkte.

Unter **Produktentwicklung** versteht man das Angebot von neuen Produkten auf bereits vorhandenen, dem Anbieter vertrauten Märkten.

Ansatzpunkte für die Entwicklung neuer Produkte können sein:
- Produktorientierung: von vorhandenen Produkten ausgehen
- Rohstofforientierung: von bekannten Rohstoffen (z. B. Glas, Holz) ausgehen
- Technologieorientierung: von bekannten Verfahren (z. B. Giessen, Kleben) ausgehen
- Problemorientierung: von verwandten Problemen (z. B. alles was man verpacken kann) ausgehen
- Kundenorientierung: von bekannten Kunden und deren (neuen) Bedürfnissen ausgehen.

Als anspruchsvollste Wachstumsstrategie gilt die **Diversifikation,** da die Unternehmung sich hier am weitesten von ihr vertrauten Produkt/Markt-Kombinationen entfernt (neue Produkte auf neuen Märkten).

Portfolio Management

Um von einer möglicherweise existenzgefährdenden Abhängigkeit von *einer* Produkt/Markt-Kombination loszukommen, bemüht sich das Management verstärkt um die Zusammenstellung von optimalen Produkt-Portfolios, d. h. analog der Zusammensetzung eines Wertpapier-Portefeuilles sollen Produkte in unterschiedlichen Phasen des Lebenszyklus (vgl. Abb. 6.6 auf S. 144) und mit unterschiedlichen Marktanteilen und

Wachstumsaussichten so kombiniert werden, dass ein langfristiges Unternehmungswachstum durch Produktneuentwicklung aus Cash-Überschüssen der z. Zt. gut gehenden Produkte heraus sichergestellt ist.
Die meisten Portfolio-Darstellungen beruhen auf einer Kombination der beiden strategischen Erfolgsfaktoren

- *relativer Marktanteil* (in bezug auf den stärksten Konkurrenten)
- *zukünftiges Marktwachstum.*

Der Marktanteil spielt insofern eine grosse Rolle, als nach den Aussagen der Erfahrungskurve mit jeder Verdoppelung der kumulierten Produktionsmenge eines Produktes dessen Stückkosten (inflationsbereinigt) potentiell um 20% bis 30% zurückgehen. Das Wort *potentiell* weist darauf hin, dass hier keineswegs ein ‚Naturgesetz' vorliegt, sondern dass sich aufgrund von Kosten-Degressionseffekten in Produktion, Forschung und Entwicklung, Vertrieb, Verwaltung sowie aufgrund von Rationalisierungschancen und technischen Innovationen Kostensenkungspotentiale in der genannten Grössenordnung ergeben.
Durch die Kombination der beiden dichotom skalierten Dimensionen *Marktwachstum* und *relativer Marktanteil* ergeben sich vier Felder mit folgenden Besetzungen (vgl. Abb. 6.5):

		Relativer Marktanteil	
		Hoch	Niedrig
Marktwachstum	Hoch	„STAR" – Bringt viel Wachstum – Erfordert noch zusätzliche Investitionen	„NACHWUCHS" – Bringt viel Wachstum – Erfordert hohe Investitionen
	Niedrig	„CASH-KUH" – Bringt wenig Wachstum – Wirft viel Cash ab	„NIETE" – Bringt wenig Wachstum – Benötigt Cash-Zuschüsse

Abbildung 6.5: Marktanteils-Wachstums-Matrix

Ziel der strategischen Bemühungen ist es, ein *ausgewogenes* Portfolio pro strategische Geschäftseinheit aufzustellen. Ausgewogen heisst, dass ausreichend Cash-Kühe vorhanden sind, um die Nachwuchs-Produkte mitzufinanzieren, dass Star-Produkte – die sich selbst finanzieren – zur

Marktanteilsausweitung aufgebaut werden, und dass Problem-Produkte (Nieten), solange sie im Produktprogramm erforderlich sind und/oder von anderen Geschäftseinheiten nachgefragt werden, erhalten bleiben.[2]

Die Einführung einer Portfolio-Management-Strategie erfordert auch abstrukturelle Veränderungen in der Organisation. So sind im Zuge der Abgrenzung von Produkt-Markt-Kombinationen relativ autonome **strategische Geschäftseinheiten** zu bilden, die sich zwar mit den schon bestehenden Geschäftsbereichen decken können, dies i. d. R. aber nicht tun. D. h. es entsteht eine Sekundär-Organisation unter strategischen Gesichtspunkten.
Die in den folgenden Abschnitten zu besprechenden Managementhandlungen sind jeweils dadurch geprägt, dass alle Funktionsbereiche unter dem Verwertungszwang des dort investierten Kapitals stehen, und dass folglich Strategien der Rentabilitätssteigerung bzw. der Kostensenkung den Mittelpunkt des Managements bilden. Geschäftsbereiche und – auf der Ebene darunter – Abteilungen werden deshalb als ‚cost center' oder, sofern Gewinnverantwortung gegeben ist, als ‚profit center' behandelt (vgl. das Profit Center-Konzept auf S. 108f.).

2. Marketingmanagement

Klassischerweise bildet der Absatz, als die entgeltliche Verwertung des Outputs am Markt, die abschliessende Phase des betrieblichen Transformationsprozesses. Diese Betrachtungsweise hatte ihre Berechtigung in einer Zeit, in der die produzierten Güter und Dienstleistungen knapp und die Nachfrage danach hoch war (Verkäufermarkt). Heute ist mit ganz wenigen Ausnahmen wie Krankenhausleistungen, Bildungsangebote, nicht der Output der Betriebe knapp, sondern die Nachfrage (Käufermarkt). Da dieses Phänomen in den USA bedeutend früher auftrat (Mitte der 50er Jahre) als bei uns und keine entsprechenden wissenschaftlichen Handlungsempfehlungen vorlagen, sah sich das deutsche Management gezwungen, auf Erfahrungen und Lösungsansätze US-amerikanischer Manager und Managementwissenschaftler zurückzugreifen. So gelangten die Begriffe Marketing und Marketingmanagement nach Europa.
Unter **Marketing** versteht man heute weit mehr als lediglich den Absatzbereich der Unternehmung, nämlich eine Absatz- und Kundenorientierung *aller* Unternehmungsbereiche mit dem Ziel einer Abstimmung der

2 Eine *strategische Geschäftseinheit (SGE)* ist das Ergebnis einer organisatorischen Zusammenfassung homogener Produkt/Markt-Kombinationen, die sich in Konkurrenz zu anderen Unternehmungen befindet und sich an eine klar abgrenzbare Kundengruppe richtet.

Chancen und Risiken des Marktes mit den Stärken und Schwächen der Unternehmung. Marketing muss also zeitlich bedeutend früher ansetzen und höhere Priorität geniessen als etwa Beschaffung und Produktion. Insofern ist das Marketingmanagement mehr als nur ein Bereichsmanagement, es ist gleichzeitig Teil des strategischen Managements.
Im einzelnen sind folgende marktbezogenen Unternehmungsaktivitäten Gegenstand des Marketingsmanagements:

- Erkennen von Bedürfnissen und Problemen bei (potentiellen) Kunden einschliesslich der Weckung neuer Bedürfnisse
- Bewusstmachung der Existenz solcher Bedürfnisse und Probleme
- Entwicklung und Anbieten von Bedürfnisbefriedigungs- und Problemlösungsmöglichkeiten
- Zurverfügungstellung der Leistungen (Nutzungsüberlassung durch Verkauf, Miete, Leasing).

Um diese Aufgaben zielentsprechend erfüllen zu können, ist in Wissenschaft und Praxis eine Fülle von **Marketinginstrumenten** entwickelt worden. Diese lassen sich in solche der Marktforschung und solche der Marktbearbeitung untergliedern.

Marktforschung: Gewinnung von Informationen über alle für das Marketingmanagement relevanten Daten aus dem Markt der Unternehmung, wie Informationen über (potentielle) Kunden (Zahl, Einkommen, Alter, Geschlecht, Motive, Kaufgewohnheiten), Wettbewerber und deren Produkte, Marktgegebenheiten (Marktstruktur, gesetzliche Vorschriften, Entwicklungstrends).

Marktbearbeitung:

a) Instrumente, die das Produkt (den Output) selbst betreffen *(Produkt-Mix):*
   - Produktgestaltung (Design)
   - Produktprogrammgestaltung (Tiefe, Breite)
   - Kundendienst
   - Garantieleistung

b) Instrumente, die die Kommunikation zwischen Unternehmung und Markt betreffen *(Kommunikations-Mix):*
   - Werbung
   - Verkaufsförderung
   - Persönlicher Verkauf

c) Instrumente, die den Vertrieb des Output betreffen *(Distributions-Mix):*
   - Standort von Zweigstellen
   - Wahl der Absatzkanäle (Handel)
   - Transport und Lagerhaltung (Logistik)

d) Instrumente, die die Konditionen der Überlassung des Outputs betreffen *(Konditionen-Mix):*
- Preisgestaltung inkl. Nachlässe
- Finanzierungshilfen (Konsumentenkredit, Teilzahlung)
- Leasing

Die Bezeichnung *Mix* hinter jedem Marketinginstrument deutet schon darauf hin, dass sowohl innerhalb der Teilmassnahmen als auch zwischen ihnen eine auf die jeweilige Markt- und Unternehmungssituation abgestimmte Kombination von Marketinginstrumenten erforderlich ist. So werden z. B. in Abhängigkeit von der Art des Outputs (Konsumgut, Investitionsgut, Dienstleistung) und in unterschiedlichen Phasen des Lebenszyklus eines Produktes (Einführung, Wachstum, Reife, Sättigung, Degeneration) unterschiedliche Instrumente mit unterschiedlichem Gewicht in der Marketingstrategie berücksichtigt (vgl. Abb. 6.6).

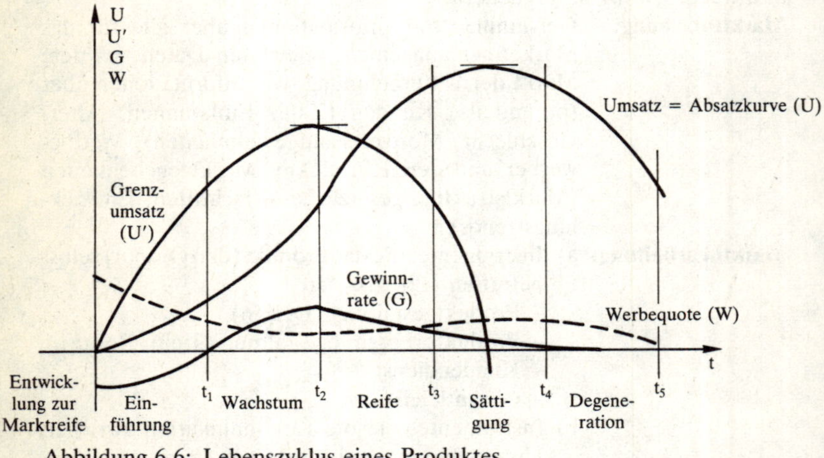

Abbildung 6.6: Lebenszyklus eines Produktes

Zur **Realisierung neuer Produkt/Markt-Strategien** bieten sich folgende Möglichkeiten an:

- Aufnahme von Handelsware (Zukauf ohne eigene Produktion)
- Lizenznahme (eigene Produktion ohne eigene Entwicklung)
- Beteiligungserwerb (Kauf von Teilen einer Unternehmung mit eigener Produktion und eigener Entwicklung)

- Kooperation mit anderen Unternehmungen (Arbeitsteilung in Produktion und Entwicklung).
- Selbstentwicklung (eigene Produktion und eigene Entwicklung).

Kaum ein anderer Funktionsbereich der Unternehmung, vielleicht abgesehen von Produktionsbereich im Falle inhumaner Arbeitsbedingungen, steht so im Zentrum der **Kritik** wie das Marketing. Neben unbestreitbar nützlichen Funktionen, wie Information über das Angebot einer Unternehmung sowie Massnahmen zur Förderung der quantitativen und qualitativen Übereinstimmung von Angebot und Nachfrage, sind durch die Art und Weise, wie bestimmte Marketinginstrumente (z. B. Verpakkung, Werbung) eingesetzt werden, *negative Folgen* eingetreten.

Diese lassen sich wie folgt systematisieren:

a) Vernachlässigung bzw. Beeinträchtigung volkswirtschaftlicher und gesellschaftlicher Erfordernisse
   - Stimulierung privater, egoistischer Konsumverhaltensweisen lenkt von gesamtgesellschaftlich und ökologisch sinnvollen Massnahmen ab
   - Konsumausweitung führt zu erhöhtem Rohstoffverbrauch und verstärkter Umweltbelastung (Wegwerfgesellschaft)
   - von Unternehmungen verursachte soziale Kosten werden der Allgemeinheit angelastet (Externalisierung)
   - Marketingkosten gehen (inflationsfördernd) in die Preise ein und werden somit vom Konsumenten getragen
   - überdurchschnittliche Marketingaufwendungen von grossen Unternehmen führen zu Verdrängungswettbewerb, was zur Oligopolisierung der Märkte beiträgt.

b) Manipulation des Verbrauchers
   - irreführende Preisauszeichnung, Verpackung, Versprechungen
   - geplante Alterung von Produkten oder Produktbestandteilen, materialmässig (z. B. Auspuff, Glühbirne) und stilistisch (z. B. Design- und Modellwechsel, Mode)
   - Konsumentenkredite und Teilzahlungsgeschäfte verführen zu manchen Kaufakten, die sonst unterbleiben würden.

Trotz dieser Missstände, die allerdings fast ausschliesslich im **Konsumgüterbereich** zu beklagen sind, hat sich das in Unternehmungen entwickelte und immer weiter perfektionierte kommerzielle Marketing auch auf *nicht-kommerzielle* Bereiche der Gesellschaft ausgeweitet; so z. B. im **kulturellen Bereich** (Museen, Ausstellungen, karitative und religiöse Organisationen, z. B. Misereor, Brot für die Welt) und im **politischen Bereich** (Anwendung von Marketingpraktiken im Wahlkampf, beim ‚Verkauf' von Politik und Politikern).

3. Materialmanagement

Während das Marketingmanagement die Interaktionen zwischen Unternehmung und Absatzmärkten plant und steuert, leistet dies das Materialmanagement für die Interaktionen zwischen Unternehmung und Beschaffungsmärkten und, beim Versand der Fertigprodukte, auch mit den Absatzmärkten. Da es sich in beiden Fällen um das Management von Markt-Beziehungen handelt, werden neuerdings die für das (Absatz-)Marketing entwickelten Instrumente z. T. auch auf die Beziehungen zu den Beschaffungsmärkten übertragen, und man spricht vom **Beschaffungsmarketing.** Dies gilt vor allem für die Instrumente Marktforschung, Produktentwicklung, Preisgestaltung, Konditionen, Marketinglogistik.

Das Materialmanagement umfasst die beiden grossen Bereiche Einkauf und Lagerhaltung (einschliesslich aller Bewegungen beim Gewinnen, Be- und Verarbeiten sowie beim Verteilen von Materialien). Der Einkauf von Materialien (Güter und Stoffe) stellt lediglich einen Teil des **Beschaffungsmanagements** dar. Die Beschaffung von Finanzmitteln und Investitionsgütern untersteht der Verantwortung des Finanz- bzw. Produktionsmanagements und die ‚Beschaffung' von Mitarbeitern dem Personalmanagement.

Unter **Einkauf** versteht man die Beschaffung von Materialien oder (Vor-)Produkten mit der Absicht der Weiterveräusserung (Handel) oder Ver- und Bearbeitung (Produktion). Sofern die Rationalisierungsreserven einer Unternehmung im Produktionsbereich weitgehend ausgeschöpft sind und der Wettbewerb auf den Absatzmärkten keine Erlössteigerung zulässt, gilt die Materialwirtschaft (vor allem der Einkauf) als bevorzugter Ansatzpunkt für Kostensenkungsprogramme. Die grosse kostenmässige Bedeutung der Materialwirtschaft zeigt sich auch daran, dass in der Industrie bis zu 85% der Gesamtdurchlaufzeit eines Auftrags aus Lager-, Transport- und Umschlagzeiten bestehen. Dies erklärt die zunehmende Bedeutung, die dieser bislang vernachlässigte Funktionsbereich heute in Wirtschaft und Praxis findet. Lediglich im Handel hat man die gerade für den Erfolg oder Misserfolg dieser Betriebe ausschlaggebende Bedeutung des Einkaufs schon früher erkannt.

Gegenstand des **Einkaufsmanagements** sind folgende Aktivitäten:

- Wahl der geeigneten Lieferanten für die von den Abteilungen spezifizierten Bestellwünsche
- genaue Produkt- und Terminspezifikation gegenüber den Lieferanten (Materialdisposition)
- Warenannahme, Inspektion und Kontrolle
- Rechnungsprüfung und Zahlungsanweisung.

Zentrale Problemfelder des Einkaufsmanagements sind die lediglich *sporadisch* zu treffenden **Entscheidungen**
a) zentraler/dezentraler Einkauf
b) Eigenfertigung oder Fremdbezug

Zu a: Eine Zentralisierung des Einkaufs bietet neben Wirtschaftlichkeitsvorteilen (grosse Einkaufsmengen stärken die Verhandlungsposition hinsichtlich Preisen und Konditionen) die Chance, qualifizierte Einkaufsspezialisten pro Artikel einzusetzen, und erlaubt durch die organisatorische Trennung vom Besteller eine objektive, neutrale Kostenkontrolle.
Lediglich bei örtlich weit auseinanderliegenden Produktionsstätten und sehr heterogenem Materialbedarf verliert die Einkaufszentralisierung an Überlegenheit gegenüber einer dezentralen Organisation (Transportkosten, Informations- und Zeitverlust).

Zu b: Die in vielen Betrieben vor allem mittlerer Grösse anzutreffende Politik, möglichst viele Anlagen selbst zu erstellen bzw. Vorprodukte selbst zu fertigen anstatt fremdzubeziehen, beruht häufig auf der Angst vor einer Abhängigkeit von (unzuverlässigen) Lieferanten und/oder ist Ausdruck eines übertriebenen Autarkiestrebens, das aktuelle Wirtschaftlichkeitsüberlegungen sträflich vernachlässigt.
Die Wahl der optimalen Fertigungstiefe (Anteil der Eigenfertigung, eigene Wertschöpfung) mit Hilfe von **Wertschöpfungsanalysen** gilt heute als eine zentrale unternehmungsstrategische Entscheidung. Wettbewerbsvorteile gegenüber Konkurrenten mit gleicher Fertigungstiefe bestehen dann, wenn Wertschöpfungsaktivitäten von der eigenen Unternehmung besser und/oder billiger durchgeführt werden. Unabhängig davon ist jede Aktivität daraufhin zu überprüfen, ob sie nicht (noch) kostengünstiger in einem anderen eigenen (ausländischen) (Eigenfertigung) oder fremden Betrieb (Fremdfertigung) erbracht werden kann. Weiterhin ist zu prüfen, ob nicht eine Angliederung/Ausgliederung vorgelagerter oder nachgelagerter Produktionsstufen (neue) Wettbewerbsvorteile bringt.

Im *operativen* Bereich befasst sich das Einkaufsmanagement u. a. mit der Ermittlung optimaler Bestellmengen und Bestellhäufigkeiten, der Zusammenstellung eines die Kontinuität des Inputs sicherstellenden Mix von Lieferanten, sowie in enger Kooperation mit den Bereichen Konstruktion/Produktion mit der systematischen Durchforstung der eigenen Produkte nach möglichen Kosteneinsparungsmöglichkeiten. Hier hat sich die **Wertanalyse** als geeignetes Hilfsmittel bewährt. Mit ihrer Hilfe sollen *unnötige*[3], kostensteigernde Produktbestandteile (einschliesslich

3 Unnötig in bezug auf Qualität, Lebensdauer und allgemeine Funktionsfähigkeit des Produktes.

der verwandten Materialien) systematisch identifiziert und eliminiert werden.
Nicht allen Artikeln kann jedoch das Materialmanagement mit gleicher Intensität seine Aufmerksamkeit widmen. Die **ABC-Analyse** erlaubt es hier, eine Strukturierung des gesamten Einkaufsvolumens dahingehend vorzunehmen, dass man weiss, welche Bedeutung (Wert, Kosten) den einzelnen Materialien anteilsmässig am Gesamteinkauf und -lager zukommt. Mit einer solchen Analyse wird der DM-Wert-Anteil unterschiedlicher Materialien am Gesamtlagerwert ermittelt und klassifiziert, um einen Überblick darüber zu haben, welche Materialien (z. B. A-Teile) einen besonders hohen und welche einen geringen Wertanteil haben (z. B. C-Teile).

Der zweite, mehr unternehmungsintern orientierte Bereich des Materialmanagements ist das Lagerwesen. Die **Lagerhaltung** dient grundsätzlich der Überbrückung (zeitlich und räumlich) von Diskontinuitäten im Input-Transformation-Output-Prozess. Sie regelt den Zufluss und Abfluss von Materialien und erlaubt durch Pufferbildung die Entkoppelung kontinuierlich angelegter Fertigungsverfahren. Damit dient sie der Stabilisierung von Produktion und Beschäftigung, d. h. Schwankungen können ausgeglichen werden. Daneben stellt ein umfängliches Lager, das das gesamte Programm an Erzeugnissen und Ersatzteilen abdeckt, einen besonderen Service für den Abnehmer dar; eine Leistung, die bei dem Trend, die Lagerhaltungsfunktion (aus Kostenüberlegungen) möglichst auf Lieferanten[4] oder Endverbraucher zu verlagern, besondere Aufmerksamkeit verdient. Dem Wunsch nach umfänglichen Lägern stehen die **Kosten** der Lagerhaltung entgegen; dies sind vor allem

- Kapitalkosten
- Miete, Transport, Versicherung, Löhne
- Kosten durch Verderb/Schrumpfung.

Darüber hinaus ist jedes Lagerhaltungsmodell mit unterschiedlichen Kosten verbunden, je nachdem ob es die Sicherheit (Eiserner Bestand) betont oder temporäre Nichtlieferbereitschaft in Kauf nimmt.

Bei der Festlegung des Lagerbestandes sind also über zwei Bereiche Entscheidungen notwendig:

- Entscheidungen zur **Vorratssicherung**
- Entscheidungen zur **Vorratsminimierung.**

4 Bei Produktion nach dem System *Just-in-Time* werden die Materialien und Vorprodukte genau zu dem Zeitpunkt angeliefert, an dem sie im Produktionsprozess benötigt werden.

In aller Regel erfolgen Zugänge zum Lager diskontinuierlich und Abgänge kontinuierlich. Um eine Produktionsunterbrechung zu vermeiden, muss also rechtzeitig (Meldebestand, Bestellbestand) nachbestellt werden (vgl. Abb. 6.7).

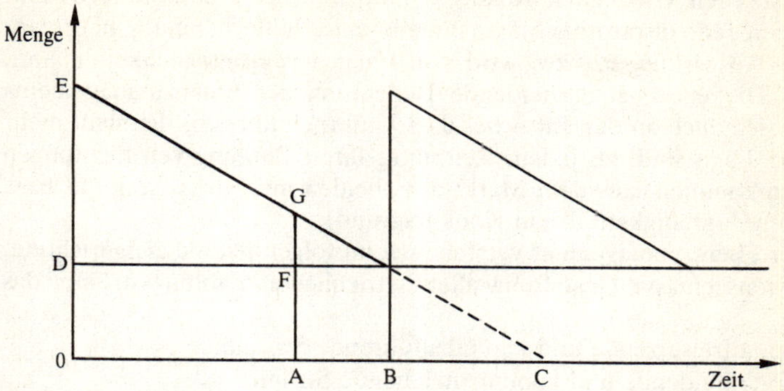

Abbildung 6.7: Einfaches Lagerhaltungsmodell

OE = Anfangsbestand
OB = Lagerdauer: Verbrauchszeit für eine Lieferung
OD = Eiserner Bestand
AB = Beschaffungsdauer, in der die Menge FG verbraucht wird
FG = Meldebestand; in Punkt G wird die Einkaufsabteilung verständigt, bis C kann bei Beschaffungsverzögerung produziert werden

$$\text{Meldebestand FG (ohne OD)} = \frac{\text{Anfangsbestand DE}}{\text{Lagerdauer OB}} \times \text{Beschaffungsdauer AB}$$

Jede Vorratshaltung verursacht – wie weiter oben ausgeführt – Kosten und bindet finanzielle Mittel. Aufgabe des Materialmanagements ist es, den Lagerhöchstbestand so zu fixieren, dass unter Beachtung der Entscheidungskriterien Vorratssicherung und Vorratsminimierung die Summe aus Beschaffungskosten, Lagerkosten und Zinsen ein Minimum erreicht.

Des weiteren befasst sich das unternehmungsinterne Materialmanagement mit der

- Lagerhaltung mit permanenter Inventur
- Festlegung der geeigneten Transportmittel und -wege für eingehende und abgehende Waren
- Verpackung und dem Versand von Fertigerzeugnissen
- Entsorgung von Abfällen (u. a. Recycling).

4. Finanzmanagement

Dem Funktionsbereich *Finanzwirtschaft* als Oberbegriff für die Teilbereiche *Finanzierung* und *Investition* kommt vor allem in Betrieben, die in kapitalistischen Wirtschaftsordnungen tätig sind, ganz besondere Bedeutung zu. Jede dispositive Massnahme in einer Unternehmung hat finanzielle Auswirkungen bzw. wird von Finanzierungsmöglichkeiten limitiert. Die existenzentscheidende Bedeutung des Finanzmanagements zeigt sich auch an der Tatsache, dass Unternehmungen, die nicht mehr in der Lage sind, zu jedem Zeitpunkt ihren Zahlungsverpflichtungen nachzukommen, aus dem Markt ausscheiden müssen (Illiquidität bzw. Zahlungsunfähigkeit als ein Konkursgrund).
Unter **Finanzmanagement** verstehe ich im folgenden die zielgerichtete, situationsgemässe Gestaltung aller betrieblichen Zahlungsströme; das sind

- kapitalfreisetzende und kapitalzuführende Ströme,
- kapitalbindende und kapitalentziehende Ströme.

Wenn von Zahlungsströmen gesprochen wird, so weist das darauf hin, dass diese Auffassung von Finanzmanagement eine *dynamische* ist, die sich nicht an der Bilanz, sondern an Ausgaben- und Einnahmeströmen orientiert. Entsprechend lassen sich dann ausgaben- und einnahmenrelevante Entscheidungen des Finanzmanagements unterscheiden.

Wenn von *zielgerichtet* gesprochen wird, so ist damit gemeint, dass die Gestaltungsmassnahmen (Finanzierungs- und Investitionsentscheidungen) einem bestimmten Zielsystem unterworfen sind. Ziele finanzwirtschaftlicher Entscheidungen lassen sich nach den Hauptinteressenlagen in unternehmungsinterne (z. B. Liquidität, Rentabilität, risikoentsprechende Finanzierung, finanzielle Elastizität, Unabhängigkeit und Dispositionsfreiheit) und unternehmungsexterne Ziele (z. B. Kapitalwertmaximierung, Aktienkursmaximierung, Maximierung des Anteilseignervermögens) differenzieren. *Strategische* finanzwirtschaftliche Entscheidungen betreffen etwa das langfristige Investitionsprogramm sowie die Gestaltung einer der Unternehmungsentwicklung angemessenen Kapital- und Vermögensstruktur. *Operative* Massnahmen haben dagegen zu gewährleisten, dass die geldwirtschaftlichen Voraussetzungen zum reibungslosen Ablauf der betrieblichen Transformationsprozesse jederzeit gegeben sind.

Letztlich soll die Gestaltung der Zahlungsströme *situationsgemäss* erfolgen, d. h. die Wahl der Finanzierungsinstrumente und Investitionsvorhaben kann sinnvollerweise nur im Anschluss an eine umfassende Situationsanalyse **(Finanzanalyse)** erfolgen. Aufgabe dieser Situationsanalyse ist es u. a., die relevanten Einflussfaktoren auf finanzwirtschaftliche Entscheidungen zu ergründen, zu systematisieren und hinsichtlich ihres Einflusses auf die Gesamtunternehmung zu gewichten. Eine erste grobe Systematisierung bietet sich an mit der Ausdifferenzierung in externe (z. B. Bankensystem, Steuerrecht, Kapitalangebot, Geldwert) und interne Einflussfaktoren (z. B. Aktiva, Passiva, Investitionsprogramm). Im einzelnen sind folgende finanzwirtschaftliche Vorgänge Gegenstand des Finanzmanagements (vgl. Abb. 6.8):

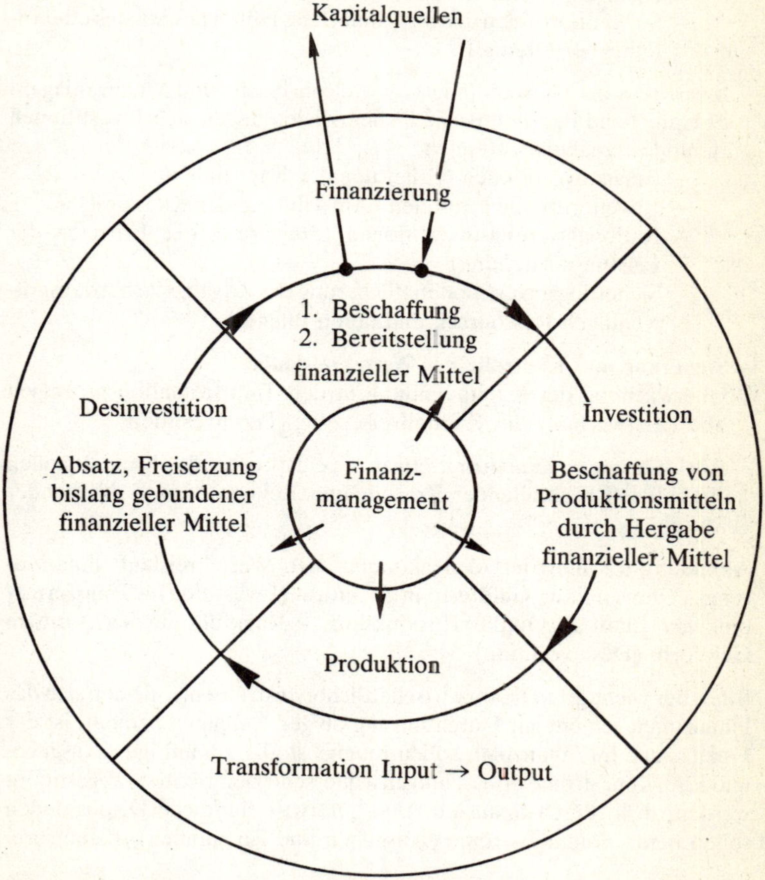

Abbildung 6.8: Der finanzielle Transformationsprozess als Gegenstand des Finanzmanagements

- **Beschaffung und Bereitstellung von Finanzmitteln:**
  Als Quellen für Finanzmittel kommen neben den Umsatzerlösen in Frage:
  - Beteiligungsfinanzierung (Einlagen von bereits vorhandenen oder neu aufgenommenen Miteigentümern)
  - Selbstfinanzierung (aus zurückbehaltenen Gewinnen)
  - Finanzierung aus Abschreibungen
  - Kreditfinanzierung (Beschaffung von Fremdkapital durch Inanspruchnahme von Krediten)
  - Factoring (Verkauf von Forderungen)
  - Subventionsfinanzierung (finanzielle Hilfen des Staates oder öffentlicher Organe).

- **Investition** als Umwandlung von Geld in Sach- und Finanzanlagen: Entsprechend den unterschiedlichen Zielen lassen sich Investitionen zumindest analytisch trennen
  - Ersatzinvestitionen (Erhaltung der Kapazität[5])
  - Erweiterungsinvestitionen (Ausdehnung der Kapazität)
  - Rationalisierungsinvestitionen (Steigerung der Effizienz der Leistungserstellung)
  - Sicherungsinvestitionen (Sicherung des Zugangs zu betriebsnotwendigen Ressourcen und deren Pflege).

- **Steuerung und Kontrolle des Wertekreislaufs:**
  Überwachung der Kapitalbindung in den Transformationsprozessen und Überwachung der Kapitalfreisetzung (Desinvestition)

- **Rückführung von Finanzmitteln** an die entsprechenden Kapitalquellen einschliesslich anfallender Kosten, und Reinvestition verbleibender Mittel.

Abbildung 6.8 illustriert den ökonomischen Wertekreislauf: Finanzierung – Umwandlung Geldform in Sachform (Investition) – Transformation von Input in Output (Produktion) – Rückführung Sachform in Geldform (Desinvestition).

Eines der wichtigsten finanzwirtschaftlichen Instrumente, dessen sich das Finanzmanagement zur Durchführung obiger Aufgaben bedient, ist der **Finanzplan.** Im Finanzplan sollen möglichst alle zukünftigen Ausgabe- und Einnahmeströme erfasst und anschliessend zielorientiert abgestimmt werden, d. h. durch finanzielle und güterwirtschaftliche Dispositionen sollen beide Zahlungsströme (Ausgaben und Einnahmen) fristentspre-

5 Leistungsfähigkeit (Leistungsvolumen) eines Betriebes oder Betriebsteils (Betriebsmittels) in einem bestimmten Zeitabschnitt.

chend aufeinander bezogen werden. Das bedingt, dass der Finanzplan auch mit anderen berieblichen Teilplänen, vor allem Absatz-, Produktions- und Investitionsplan, abgestimmt werden muss.

Jeder Finanzplan sollte durch eine entsprechende **Finanzkontrolle** ergänzt werden. Dabei sind für die Finanzkontrolle die jeweils jüngsten Planwerte heranzuziehen und mit den Istwerten zu vergleichen. Die Analyse der Abweichungen nach Menge, Preis und Zeit gibt Aufschluss über die Ursachen und sollte zur Einleitung entsprechender Korrekturmassnahmen führen. Ohne kontrollinduzierte Massnahmen und Aktionen ist jegliche Kontrolle sinnlos.

Im Unterschied zur kurz- und mittelfristigen Finanzplanung (Budgetierung) strebt die langfristige Finanzplanung eine zur Realisierung des Unternehmungszwecks kostenoptimale Kapitalstruktur an, die ein unter gegebenen Umständen ideales Verhältnis zwischen lang- und kurzfristigem Kapital sowie Eigen- und Fremdkapital widerspiegelt.

Was die **Organisation** der Finanzwirtschaft anbetrifft, so hat sich die grosse Bedeutung dieses Funktionsbereichs inzwischen in der Etablierung eines eigenen Vorstandsressorts (Finanzvorstand) niedergeschlagen, das den gesamten hier skizzierten Aufgabenbereich einschliesslich Rechnungswesen und Unternehmungsplanung umfasst (in den USA: Treasurer und Controller). Die langfristigen, strategischen Entscheidungen werden häufig gemeinsam mit einem Unterausschuss des Aufsichtsrates (Finanzausschuss) getroffen.

5. Personalmanagement

Die Tatsache, dass sich der Mensch fundamental von anderen Inputfaktoren unterscheidet, macht den besonderen Stellenwert des Funktionsbereichs *Personalwirtschaft* aus. Im Gegensatz zum Objektcharakter von Werkstoffen, Betriebsmitteln, Finanzen oder Informationen, die als Mittel zum Erreichen unternehmerischer Ziele eingesetzt werden, hat der Mensch darüber hinaus **Subjektcharakter,** d. h. dass Menschen einen Selbstwert aufweisen (eigene Ziele, Wünsche, Bedürfnisse) und folglich nicht von anderen Menschen oder Organisationen lediglich als Mittel oder Instrument *benutzt* werden sollten. Dass dies in Unternehmungen (hier zur Gewinnerzielung) dennoch der Fall ist, habe ich im 1. Kapitel gezeigt. Um menschliche Arbeit im Betrieb aus der Gleichstellung mit anderen Inputfaktoren und der damit verbundenen Ausbeutung zu befreien, sahen sich einerseits der **Staat** durch eine entsprechende Gesetzgebung (Betriebsverfassungsgesetz, Mitbestimmungsgesetz und eine Vielzahl von Schutzgesetzen, wie z. B. Kündigungsschutzgesetz, Arbeitssicherheitsgesetz) und andererseits die **Gewerkschaften** und **Betriebsräte** als Interessenvertreter der Arbeitnehmer durch Abschluss von Tarifverträgen und Betriebsvereinbarungen gezwungen, auf Berücksichtigung der besonderen Bedürfnisse abhängig arbeitender Menschen zu dringen. Diese **Verrechtlichung** der Arbeitsbeziehungen (Industrial Relations) sowie die permanente *Verteuerung* des Faktors ‚Arbeit' (Arbeitszeitverkürzung, Lohnerhöhungen, vor allem erhöhter Personalzusatzaufwand) haben in den siebziger Jahren dazu geführt, dass das Management seine Entscheidungen im Personalbereich bedeutend gründlicher plant, abstimmt und durchführt.

Zu den zentralen **Aufgaben des Personalmanagements** zählen

- **Versorgung der Unternehmung mit Personal**
- Personalbedarfsermittlung und -planung
- Personalbeschaffung
  - unternehmungsintern (durch Beförderung, Versetzung)
  - unternehmungsextern (über Stellenanzeigen, Personalberater, Arbeitsämter)
- Personaleinsatz und -einführung (Zuordnung von Personen zu Arbeitsplätzen, systematische Einweisung und Einarbeitung, betriebliche Sozialisation)
- Personalentwicklung (Weiterbildung/Fortbildung, Karriereplanung und -förderung)
- Personalfreistellung (Erreichen der Altersgrenze, Frühpensionierung, Vertragsablauf, Aufhebungsverträge, Beurlaubung, Kündigung).

- **Schaffung organisatorischer Anreize** (s. auch Kapitel V,2)
  - Arbeitsstrukturierung und Arbeitszeitregelung
    (Schaffung humaner Arbeitsplätze und -bedingungen, Job Sharing, Pausenregelung, gleitende Arbeitzeit, Urlaubsregelung)
  - Entgelt- und Sozialpolitik
    (monetäre Anreize, anforderungs-, leistungs-, verhaltens- und sozialgerechter Lohn; Beteiligungssysteme, betriebliche Sozialleistungen)
  - Personalführung und Leistungsmotivation
  - Bildungspolitik (Aus- und Weiterbildung).

Neben diesen beiden wichtigsten Aufgabengebieten des Personalmanagements müssen im Funktionsbereich *Personalwirtschaft* noch alle in der Unternehmung auftauchenden arbeitsrechtlichen Probleme bearbeitet und eine ganze Reihe von **Verwaltungsaufgaben** wahrgenommen werden. Hierzu gehören insbesondere: Durchführung der Entlohnung (Lohn- und Gehaltsabrechnung), Erstellung und Führung der Personalunterlagen (Personalakte, Personalkartei), Personalstatistik (Altersaufbau, Ist-Bestand, Fehlzeiten, Fluktuation, Personal- und Sozialaufwand), Führung des Stellenplanes, Verwaltung der sozialen Einrichtungen, Treuhandfunktionen gegenüber Stellen des Staates und öffentlichrechtlichen Körperschaften (Lohnsteuerabzug, Pfändungen).

Unter den als zentral bezeichneten Aufgaben kommt neben der Entgeltpolitik und der Personalführung (als Verhaltenssteuerung) vor allem der **Personalplanung** grosse Bedeutung zu. Die Personalplanung ist, abgesehen von personellen Engpassituationen, abhängig von Planungen in anderen Unternehmungsbereichen (derivative Planung). Ausgangspunkt ist hierbei in erster Linie der Produktionsbereich, danach der Verwaltungsbereich, die spezifizieren, welchen mengenmässigen Bedarf an Mitarbeitern bestimmter Qualifikation sie für die nächsten Planungsperioden benötigen. Ein Vergleich des so ermittelten Soll-Bestands mit dem Ist-Bestand (sichere und erwartete Abgänge zuzüglich fester Zugänge) ergibt eine Unter- oder Überdeckung. Ein Ausgleich kann zunächst in anderen Funktionsbereichen versucht werden, etwa durch verstärkte Marketingaktivitäten, Variation der Lieferfristen und Lagerbestände sowie des Fremdfertigungsvolumens, oder durch direkte Personalmassnahmen angestrebt werden.

Dies sind bei einem **Fehlbestand:**
- Einstellungen
- Überstunden, Sonderschichten
- Leiharbeit
- Aushilfskräfte

bei einer **Überdeckung:**
- Einstellungsstop
- Überstundenabbau
- Kurzarbeit
- Teilzeitarbeit
- Frühverrentung
- Aufhebungsverträge
- Kündigung.

Neben der *quantitativen* Personalplanung führen grosse Unternehmungen heute verstärkt auch *qualitative* Bedarfsplanungen durch. Hier wird der **Qualifikationsbedarf** aufgrund einer Analyse von Diskrepanzen zwischen veränderten Anforderungs- und Qualifikationsprofilen zu ermitteln versucht.

Im Bereich der organisatorischen Anreize haben neben den klassischen monetären (Entgelt- und Sozialpolitik) die **nicht-monetären Anreize** in den letzten Jahrzehnten immer mehr an Bedeutung gewonnen, ohne dass

sich dies in einer verstärkten personellen und organisatorischen Verknüpfung von Personal- und Organisationsabteilungen niedergeschlagen hätte.
Solche Anreize können einmal an der Arbeit selbst anknüpfen (vgl. Neue Formen der Arbeitsorganisation), an den Arbeitsbedingungen und Arbeitszeitformen, am Führungsverhalten des Vorgesetzten und vor allem an Massnahmen der Personalentwicklung.

Unter **Personalentwicklung** versteht man alle Massnahmen der Aus- und Weiterbildung, des Trainings, der Umschulung, die in eine systematische, an den Entwicklungsbedürfnissen der Unternehmung und des Mitarbeiters ausgerichtete Karriereplanung eingebettet sind. Dies gilt für Mitarbeiter aller Ebenen der Organisation. In der Praxis finden sich solche Massnahmen jedoch heute noch fast ausschliesslich auf (zukünftige) Führungskräfte bezogen. Weiterbildung von Führungskräften setzt Ausbildung voraus. Da die Ausbildung in den für Führungskräfte relevanten Wissensbereichen einerseits einer raschen Veralterung unterliegt und andererseits gerade im Managementbereich eine immer stärkere Verwissenschaftlichung der Berufsausübung anzutreffen ist, stellt sich der Weiterbildung, vor allem von älteren Führungskräften, die Aufgabe, auch Grundlagenwissen zu vermitteln (Management Education).

Die zunehmende **Verwissenschaftlichung der Unternehmungsführung** gestattet es heute den in Führungspositionen aufsteigenden Angestellten nicht mehr, den neuen Anforderungen allein durch Berufserfahrung und Intuition gerecht zu werden. Auf der Basis der Management Education bauen das Management Training, als Vermittlung von Spezialwissen, das in der jetzigen Position unmittelbar einsetzbar ist, und die Managemententwicklung (Managment Development), als umfassende Förderung und Weiterbildung des Mitarbeiters zur Vorbereitung auf zukünftige Führungstätigkeiten, auf.
Voraussetzung für eine fundierte Entscheidung über konkrete Massnahmen der Weiterbildung von Führungskräften ist die Kenntnis bestehender und/oder latenter Defizite hinsichtlich beruflich und betrieblich notwendiger Kenntnisse, Fähigkeiten und Einstellungen. Defizite oder Lükken können einmal institutionell verursacht sein, wenn das vorhandene Managementpotential mit veränderten organisatorischen Bedingungen konfrontiert wird. Diese resultieren aus der Variabilität von Einflussgrössen wie Unternehmungsgrösse, Technologie, Organisationsstruktur oder Wertesystem.
Zum anderen können Defizite im Zuge personalpolitischer Entscheidungen wie Einstellungen, Versetzung oder Entlassung entstehen, die an das Managementpotential – möglicherweise bei konstanten Bedingungskonstellationen – veränderte qualifikatorische Anforderungen stellen.

Entsprechend muss auch Weiterbildungsbedarf von Mitarbeitern aufgrund der Analyse von Diskrepanzen zwischen veränderten Anforderungs- und Qualifikationsprofilen ermittelt werden.
Unter dem Begriff **Human Resource Management** wird heute versucht, alle mit dem Faktor Arbeit in Zusammenhang stehenden Massnahmen und Entscheidungen integrativ zu planen und systematisch mit der Unternehmungsstrategie abzustimmen.

6. Produktionsmanagement

Gegenstand des Produktionsmanagements ist der Funktionsbereich ‚Fertigungswirtschaft', dem vor allem in Industriebetrieben eine zentrale Stellung zukommt. Dem Produktionssystem als Abbild sämtlicher technischer Transformationsprozesse im Betrieb gilt deshalb das besondere Augenmerk des Managements, weil in diesem Bereich das meiste Kapital gebunden ist und Störungen des Produktionsprozesses unmittelbar auf den Outputbereich durchschlagen. Zu den *sporadischen* Entscheidungen, die z. T. über die Kompetenz des Produktionsmanagements hinausgehen, gehören im Bereich der Fabrikplanung die Standortwahl der Fertigungsstätten, das Layout der Fabrik sowie die Ausstattung mit Maschinen, Transporteinrichtungen und Arbeitsplätzen.

Des weiteren fallen **Entscheidungen** an über

- Auftragstyp (Verbindung Produktion – Absatz):
  Auftragsfertigung, Lagerfertigung
- Organisationsform der Fertigung (Abstimmung der Maschinen und Arbeitsplätze):
  Baustellen-, Werkstatt, Fliessfertigung
- Produktionstyp der Fertigung (Menge und Art der gefertigten Produkte):
  Einzel-, Serien-, Sorten-, Massenfertigung.

Zum Aufgabenbereich des **Produktionsmanagements** zählen im einzelnen

- Entwurf und Realisierung aller technischen Einrichtungen zur Durchführung der Transformationsprozesse
- exakte Spezifikation des benötigten Inputs (Ressourcen) aufgrund der Produktionsplanung
- Entwurf eines Systems der Arbeitsorganisation einschliesslich Arbeitsvorbereitung und Lohnfindung, das sowohl einen effizienten als auch humanen Produktionsprozess erlaubt
- Entwurf (Design) und Entwicklung von Produkten.

Dieser letzte Bereich wird häufig als **Forschung und Entwicklung** organisatorisch aus dem Fertigungsbereich ausgegliedert und einem eigenen F & E-Management unterstellt. Produktentwicklung heisst nicht nur die Entwicklung neuer Erzeugnisse, sondern umfasst auch die Modifikation und Weiterentwicklung bestehender Produkte, die Entwicklung neuer Anwendungsbereiche für laufende Produkte (Anwendungstechnische Abteilung) sowie die Änderung des Designs und/oder der Verpackung alter Produkte. Dem F & E-Management fallen die zentralen Aufgaben zu, das technische Transformationssystem an veränderte Umweltverhältnisse anzupassen und durch eigene Entwicklungen neue Marktleistungen zu ermöglichen. Der Bereich Produktentwicklung bezieht dabei Ideen und Informationen vor allem aus den benachbarten Bereichen Grundlagenforschung, Marketing (vor allem Marktforschung) und Konstruktion/ Produktion.

Von der **Produktionsseite** ergeben sich für die Produktentwicklung Möglichkeiten, vorhandene Probleme durch Produktmodifikationen besser zu lösen. Dies kann beispielsweise durch die Verwendung neuer Materialien oder neuer Technologien geschehen, welche die Qualität von Produkten verbessern oder die Verwendungsfähigkeit von Produkten vergrössern.

Aus dem **Absatzbereich** ergeben sich für die Produktentwicklung Möglichkeiten, neuen, bisher lediglich latent vorhandenen Bedarf zu erkennen und zu befriedigen.

Besondere Bedeutung findet das F & E-Management bei Unternehmungen, die Branchen angehören, in denen ein rascher wissenschaftlich-technischer Fortschritt oder eine starke Abhängigkeit von modischen Veränderungen zu verzeichnen ist. Je nach Industriezweig steht dabei Grundlagenforschung oder anwendungsbezogene Entwicklungsarbeit im Vordergrund. **Grundlagenforschung** ist wissenschaftlich breit angelegt und hat zunächst keine unmittelbare Outputorientierung, sondern die Anwendungsgebiete ergeben sich erst nach Auswertung der Forschungsergebnisse (z. B. Grundlagenforschung in der chemischen oder elektrotechnischen Industrie).

Die **anwendungsbezogene Forschung** ist dagegen streng produktorientiert. Hier steht bei der Aufgabenstellung schon ein bestimmtes Anwendungsgebiet fest (z. B. Weiter- und Neuentwicklungen in der Automobilindustrie).
Mit dem hohen Aufwand für Forschung und Entwicklung sind wegen möglicher Fehlentwicklungen (Flops) hohe finanzielle Risiken verbunden. Gründe dafür sind z. B. gravierende Änderungen in den Märkten

gerade in dem Zeitraum, der zwischen Idee und marktfähiger Leistung liegt.

Eine systematische **Produktentwicklung** kann analytisch in verschiedene Phasen aufgeteilt werden (s. auch Abb. 6.6 auf S. 144).

- Suche und Erfassung neuer Ideen
- Beurteilung dieser Ideen nach marktbezogenen, technischen und ökonomischen Kriterien
- Erarbeitung konkreter Produktvorschläge aus den aussichtsreichen Ideen
- technische Entwicklung zum marktreifen Produkt
- Produkttest und Markteinführung.

Mit der **Markteinführung** beginnt der Lebenszyklus eines Produktes, der in der Regel über die Phasen der Marktdurchdringung und Konsolidierung zur Marktsättigung führt, nach der das Produkt wieder vom Markt verschwindet (Degenerationsphase).

Nach Abschluss der Fertigungsprogrammplanung (Bestimmung der Art und Menge der herzustellenden Erzeugnisse) und der Bereitstellungsplanung (aller benötigten Ressourcen) geht es im *operativen* Bereich des Produktionsmanagements vor allem um Fragen der Planung und Steuerung des Produktionsprozesses. Die **Prozessplanung** geht von dem herzustellenden Produkt aus und löst dieses mit Hilfe von Stücklisten in seine Bestandteile (Einzelteile, Materialien, Baugruppen, Module) auf. Mit Hilfe von Arbeitsflusskarten und Arbeitsplänen werden der kostengünstigste Fluss des Werkstücks durch das Produktionssystem ermittelt sowie Art und Menge der erforderlichen Maschinen, Werkzeuge, Materialien und Arbeitskräfte festgelegt. Nach Ermittlung der optimalen Losgrössen[6] der zu fertigenden Produkte werden Maschinenbelegpläne erstellt, die aber häufig durch dringende Aufträge (Priorität des Marketingmanagements), die vorgezogen werden müssen, schneller obsolet werden, als es dem Produktionsmanagement lieb ist.

Der moderne Produktionsprozess wird heute vom **Konzept der flexiblen Automation** beherrscht. Dabei wird nicht nur der Produktionsprozess selbst flexibel gesteuert, sondern auch die der Produktion vorgelagerten, die Produktion begleitenden und der Produktion nachgelagerten Funktionen werden computergestützt durchgeführt, und zwar unter Verwendung folgender Konzepte:

6 Kostengünstigste Anzahl an Produktionseinheiten, die ohne Unterbrechung (Umstellung) des Produktionsprozesses gefertigt werden.

- *Computer Aided Design (CAD),* d. h. rechnergestützte Konstruktion mit Konzeption/Entwurf, Berechnungen, Zeichnungserstellung (Stücklistenerstellung), NC-Programmierung
- *Computer Aided Planning (CAP),* d. h. rechnergestützte Arbeitsplanung mit Arbeitsplanerstellung, abgeleitet aus dem betrieblichen Produktionsplanungs- und Steuerungssystem (PPS), NC-Programmierung und Stücklistenerstellung
- *Computer Aided Manufacturing (CAM),* d. h. rechnergestützte Fertigungssteuerung mit Auftragsveranlassung und -überwachung mittels automatischer Betriebsdatenerfassung (BDE) als wichtigstem Instrument.

Computer Integrated Manufacturing (CIM) umschreibt schliesslich die Vernetzung und Integration der o. a. Funktionen mit dem PPS. Erst durch sie – so wird allgemein angenommen – lassen sich die Rationalisierungspotentiale der neuen Technologien voll realisieren.

Im Einsatz rechnergestützter Produktionsmittel sehen die Unternehmungen die Chance, bei sich international verschärfenden Wettbewerbsbedingungen und dem Trend zu grösserer Variantenvielfalt und kürzeren Produktionszyklen, das alte **Rationalisierungsdilemma** von Automation und Elastizität zu lösen. Dieses besteht darin, dass mit zunehmender Mechanisierung und Automatisierung herkömmlicherweise eine Typenbeschränkung einhergeht und der Fertigungsprozess zeitlich und quantitativ starr wird. Dies ist bei flexibler Automation nicht der Fall.

Der gesamte Fertigungsprozess wird heute computergestützt durch die **Fertigungssteuerung** gelenkt und kontrolliert. Diese soll eine möglichst lückenlose Folge der Fertigungsaufträge sicherstellen, und zwar unter Berücksichtigung der Programm-, Termin- und Kapazitätsplanung.

Ein weiterer Bereich der Fertigungswirtschaft, dem die besondere Aufmerksamkeit des Produktionsmanagements gilt, ist die **Wartung.** Hierunter versteht man den Inbegriff aller Massnahmen mit dem Ziel, sowohl das gesamte Produktionssystem als auch einzelne Anlagen und Einrichtungen in einem arbeitsfähigen Zustand zu halten. Ein vorausschauendes Management benutzt hierbei vor allem auch präventive Massnahmen (Inspektion), um Ausfallzeiten zu minimieren.

Zur Erledigung der operativen Aufgaben bedient sich das Produktionsmanagement einer Vielzahl von **Arbeitsmethoden,** wie Arbeitsablaufstudien, Bewegungsstudien, Arbeitszeitstudien und Arbeitswertstudien. Letztere dienen vor allem der Ermittlung eines anforderungsgerechten Lohnes. Auch die Bestimmung der geeigneten Lohnform (Zeitlohn, Stücklohn, Prämienlohn) gehört zum Aufgabenbereich des Produktions- und des Personalmanagements.

Neben dem Lohn als dem klassischen Arbeitsmotiv haben in den letzten Jahrzehnten andere wichtige Einflussfaktoren des Beziehungsfeldes **Mensch und Arbeit** die Aufmerksamkeit des Produktionsmanagements in Anspruch genommen. Dazu gehören vor allem die Gestaltung der **Arbeitsbedingungen** (Beleuchtung, Lärm, Staub, Erschütterungen, Klima, Arbeitssicherheit) nach den neuesten arbeitswissenschaftlichen Erkenntnissen sowie eine Ergänzung der monetären durch nicht-monetäre Arbeitsanreize. Neuere arbeitspsychologische Erkenntnisse werden verstärkt zur Steigerung der Arbeitsleistung und der Arbeitszufriedenheit herangezogen. Massnahmen zur Humanisierung des Arbeitslebens und Weiterqualifikation haben ihren Ausgangspunkt im Produktionsbereich genommen, in dem eine immer weiter getriebene Arbeitsteilung und Arbeitsintensivierung nach tayloristischen Vorstellungen nicht nur zu unerträglichen Arbeitsbedingungen für den Menschen geführt, sondern auch die optimale Nutzung der neuen Technologien behindert haben. Zur Überwindung dieser Fehlentwicklung sind (vor allem in der Montage) verstärkt sog. **Neue Formen der Arbeitsorganisation** zur Anwendung gekommen, die je nach Situation und Zielsetzung eine Aufgabenerweiterung (job enlargement), Aufgabenbereicherung (job enrichment), einen systematischen Arbeitsplatzwechsel (job rotation) oder gar eine Auflösung hocharbeitsteiliger Einzelarbeitsplätze und deren Integration in teilautonome Arbeitsgruppen anstreben. Zur Funktion solcher Massnahmen vgl. Abschnitt V 2 a dieser Arbeit.

7. Informationsmanagement

Der Informationswirtschaft kommt insofern eine Sonderstellung in der Unternehmung zu, als sie sämtlichen anderen Funktionsbereichen als Service- und Clearingstelle dient. Die **Information** als zweckorientiertes Wissen bildet die Voraussetzung für das Vorbereiten und Treffen von Entscheidungen in allen Funktionsbereichen. Dieses Wissen erhält der bislang Nichtwissende durch den Empfang einer Nachricht. Die **Nachricht** stellt eine sinnvolle Kombination von Zeichen (z. B. Buchstaben, Ziffern) dar, die beim Empfänger zu einer Information werden, sofern er sie zur Erreichung seiner Aufgaben(ziele) benötigt. Dabei bestimmt die Qualität der Information (hinsichtlich Inhalt und Aktualität) bei konstanter Verarbeitungsqualität die Qualität der Entscheidung. Die **Entscheidung** selbst stellt wieder eine neue Information dar, so dass der Entscheidungsprozess selbst als ein Transformationsprozess von Eingangs- in Ausgangsinformationen interpretiert werden kann. Zu den zentralen Aufgaben der Informationswirtschaft, die heute in fast allen Betrieben mehr oder weniger umfangreich mit Hilfe der EDV bewältigt werden, zählen

- Informationsgewinnung aus externen und internen Quellen
- Transformation von Informationen (Aufbereiten, Spezifizieren, Selektieren, Verdichten)
- Informationsspeicherung (einschl. Dokumentation)
- Informationswiedergewinnung
- Informationsübermittlung.

Der letzte Aufgabenbereich wird als **Kommunikation** bezeichnet. Mit Hilfe eines Kommunikationssystems, das zwischen den arbeitsteilig gebildeten Stellen kommunikative Beziehungen unterhält, werden Informationen von externen und internen Quellen zu den Entscheidungsträgern und von dort zu ausführenden Stellen übermittelt und umgekehrt (vgl. S. 102 der Arbeit).

Zur betrieblichen Kommunikation werden zweckmässigerweise solche Informationsträger gewählt, die die Information möglichst rasch, mit möglichst geringer Störanfälligkeit und einem Minimum an Zeichenaufwand übertragen. Hier bieten sich für alle quantifizierbaren Informationen **Kennzahlen** an, die zu umfassenden, in sich konsistenten Kennzahlensystemen pro Funktionsbereich oder für die Gesamtunternehmung (z. B. ROI-System)[7] verdichtet werden können.

Die auf dieser Basis gebildeten Kennzahlensysteme können in einer weiteren Entwicklungsstufe zu integrierten **Management-Informationssystemen (MIS)** ausgebaut werden. Integriertes MIS bedeutet Erfassung und logische Verknüpfung der zur Entscheidungsfindung und -durchsetzung benötigten betrieblichen Informationen. Dies setzt eine geschlossene Gesamtkonzeption für die Datenverarbeitung voraus. Nur so können die benötigten Daten (Nachrichten) in den verschiedenen operativen Subsystemen zu den richtigen Zeitpunkten und in der richtigen Form erfasst bzw. bereitgestellt werden. Das setzt weiterhin voraus, dass bestehende Systemgrenzen durchbrochen und die Interdependenz aller betrieblichen Vorgänge berücksichtigt werden. Erst durch die horizontale Integration der einzelnen Funktionsbereiche hinsichtlich der Datenerfassung und -verarbeitung können suboptimale Entscheidungen in den einzelnen Abteilungen vermieden werden.

7 ROI = Return on Investment (Rentabilität des eingesetzten Kapitals). Kennzahlensystem, das auf einer detaillierten Analyse der Umsatzgewinnrate (Gewinn/Umsatz) und des Kapitalumschlags (Umsatz/Kapital) beruht.

Ein solches integriertes MIS sollte folgenden **Anforderungen** genügen:
1. Integriertes Datenverarbeitungssystem,
2. Direktanfragen und Echtzeit-Verarbeitung,
3. Sammeln von allen relevanten Vergangenheits-, Gegenwarts- und Plandaten in einer Datenbank,
4. Einflussmöglichkeit der Benutzer auf Inhalt und Form der Zusammenstellung und Auswertung der gewünschten Daten.

Genauso wie das Computer Integrated Manufacturing (CIM) in der Praxis kaum realisiert ist, stellt ein MIS mehr Konzept denn betriebliche Realität dar. Bislang sind nur für einzelne Funktionsbereiche **Informationssysteme** entwickelt worden, z. B. Personalinformationssysteme (PIS).

In Betrieben, die nach dem Wirtschaftlichkeitsprinzip arbeiten, stellen neben Marktinformationen **Kosteninformationen** die zentrale Entscheidungsgrundlage für das Management aller Funktionsbereiche dar (cost center).
Als Quelle für Kosteninformationen bietet sich in erster Linie das **Rechnungswesen** an. Hierzu ist es jedoch notwendig, dieses mehr zu einem Instrument der internen Entscheidungsfindung als der externen Information (Jahresabschluss) zu entwickeln.
Klassischerweise hat sich das betriebliche Rechnungswesen sehr stark auf die Aufbereitung von Informationen für den aussenstehenden Interessenten (Eigentümer, Gläubiger, Finanzamt etc.) konzentriert, d. h. konkret auf die Erstellung des Jahresabschlusses (Bilanz, Erfolgsrechnung, Geschäftsbericht).[8]

Die **Kostenrechnung** mit den Teilbereichen
- Kostenartenrechnung
- Kostenstellenrechnung
- Kostenträgerrechnung (Kalkulation)

hatte sich dieser Zielsetzung unterzuordnen, d. h. sie war stark vergangenheitsorientiert. Dies hat sich in den letzten Jahrzehnten erheblich geändert, vor allem aufgrund des Bedürfnisses, Prognoseinformationen über die kostenmässigen Konsequenzen alternativer Entscheidungen zu erhalten. Neben der Funktion der ex post Kontrollrechnung kam die Funktion der Planungsrechnung (Lenkung durch Plankosten) neu hinzu.

8 Neben der Informationspflicht aufgrund rechtlich zwingender Publizitätsvorschriften werden darüber hinausgehende Informationen freiwillig gegeben, wie Bewegungsbilanzen, Sozialbilanzen, Sozialberichte, Ökobilanzen. Diese Aktivitäten haben jedoch häufig nur den Charakter von Öffentlichkeitsarbeit im Rahmen von Legitimationsbemühungen des Managements.

Ein weiterer Trend zeichnet sich in der Entwicklung von Systemen der Vollkostenrechnung hin zu solchen der Teilkostenrechnung (Kostenspaltung in fixe und variable Kosten) ab. Hier hat vor allem die **Deckungsbeitragsrechnung** als eine Grundlage der Produktprogramm- und Preispolitik breite Anwendung gefunden. Bei dieser Direktkostenrechnung werden von den Umsatzerlösen lediglich die variablen (proportionalen) Kosten eines Produktes abgezogen. Der verbleibende Bruttoerfolg wird als Deckungsbeitrag bezeichnet, der angibt, welchen Beitrag das einzelne Produkt zur Deckung der fixen Kosten und ggf. zur Gewinnerzielung leistet.

Das **Budgetsystem** ist eine weitere wichtige Quelle innerbetrieblicher Informationen. Das Budget ist eine Darstellung des gesamten Betriebsgeschehens in numerischer Form, aufgegliedert in interdependente Teilbereiche, einmal aus prospektiver Sicht (Planung), zum anderen aus gegenwärtiger (Koordination) und schliesslich aus retrospektiver Sicht (Kontrolle).

Das Bedürfnis nach Zusammenfassung aller informationswirtschaftlichen Aufgaben unter einem einheitlichen Management hat zur Entwicklung des **Controlling** als einem eigenständigen Funktionsbereich geführt.
Das Controlling, unterstützt durch ein innerbetriebliches Planungs- und Kontrollsystem, bildet die Nahtstelle zwischen der *extern* orientierten strategischen Planung und der *intern* orientierten Planung und Kontrolle.
Ziel ist die laufende Überwachung und Anpassung aller organisatorischer Aktivitäten im Hinblick auf vorgegebene Pläne und Standards. Insofern handelt es sich um einen kontinuierlichen Prozess, der den Charakter eines Lernprozesses hat. Voraussetzung einer **Kontrolle** ist das Vorhandensein von Zielen und Plänen, die darüber Auskunft geben, wie und in welchem Ausmass diese Ziele erreicht werden sollen. Aufgabe der **Planung** ist es u. a., Massstäbe zu setzen, an denen das Kontrollergebnis gemessen werden kann. In den Standards schlagen sich die Unternehmungsziele nieder; Standards können hinsichtlich der Quantität, der Qualität, des Zeitaufwandes, der Kosten und des Ertrags betrieblicher Aktivitäten aufgestellt werden.

Zur Erfassung der **Ist-Daten** sind Entscheidungen notwendig hinsichtlich der Kontrollmethode (Total-Kontrolle, Stichprobe oder Schwachstellenanalyse), des Kontrollzeitpunktes (laufend-sporadisch), der Kontrollträger (Fremd- oder Selbstkontrolle) und des Kontrollobjektes (Ziel- oder Prozesskontrolle).

Den wichtigsten Teil der Kontrolle stellt die **Abweichungsanalyse** dar.

Nachdem festgestellt worden ist, wo Abweichungen aufgetreten sind und ob diese negativ oder positiv im Hinblick auf die Vorgabewerte sind, muss nach den möglichen Ursachen der Abweichung geforscht werden. Diese sind grundsätzlich in einer falschen Sollvorgabe und/oder einer ungenügenden Leistung zu suchen. Die Ursachen können darüber hinaus in innerbetriebliche und ausserbetriebliche, beeinflussbare und nichtbeeinflussbare gegliedert werden.
Wichtig ist, dass die Kontrollergebnisse mit den Verantwortlichen durchgesprochen und mit ihnen Möglichkeiten der Abhilfe oder Verbesserung erörtert werden.
Sind die Ursachen der Abweichung bekannt, so müssen Entscheidungen zur Verbesserung (Korrekturmassnahmen) getroffen werden. Durch das System der Rückkoppelung (Feedback), d. h. der auf Grund der Abweichungsanalyse notwendigen Korrekturmassnahmen an der Ausgangssituation, wird somit sofort wieder eine Beziehung zum Beginn des Managementprozesses, zur Planung, hergestellt.

In der Praxis ist es nicht erforderlich, jegliche, also auch die geringste Abweichung des Soll vom Ist dem Top Management zu melden. Man spricht hier in der amerikanischen Literatur von **Reporting by Exception.** Dieser Ansatz geht davon aus, dass nur aussergewöhnliche Ereignisse (gute oder schlechte) die Aufmerksamkeit des Managers in Anspruch nehmen sollten, um ihn von Routineinformationen über ‚normale' Ergebnisse zu entlasten. Dieses nur ausnahmsweise Eingreifen von übergeordneten Führungskräften bei aussergewöhnlichen Abweichungen der Ist-Daten von den vorgegebenen Standards ist auch in der europäischen Literatur unter dem Ausdruck *Management by Exception* bekanntgeworden.

Literaturhinweise

Zu 1: **Unternehmungsstrategie als Ausgangspunkt für Bereichsmanagement**

Ansoff, H. I., Strategic Management, London 1979

Gälweiler, A., Strategische Unternehmensführung, Frankfurt/New York 1987

Hinterhuber, H. H., Strategische Unternehmensführung, 4. Aufl. Berlin/New York 1989

Kreikebaum, H., Strategische Unternehmensplanung, 3. Aufl. Stuttgart etc. 1989

Stahle, W. H., Management, 6. Aufl. München 1991

Zu 2: **Marketingmanagement**

Fischer-Winkelmann, W. F./Rock, R. (Hrsg.), Markt und Konsument, Zur Kritik der Markt- und Marketingtheorie, 2 Bde, München 1975

Kotler, Ph., Marketing-Management, 4. Aufl. Stuttgart 1990
Kroeber-Riel, W., Konsumentenverhalten, 4. Aufl. München 1990
Meffert, H., Marketing – Einführung in die Absatzpolitik, 7. Aufl. Wiesbaden 1986
Nieschlag, R./Dichtl, E./Hörschgen, G., Marketing, 15. Aufl. Berlin 1988

Zu 3: **Materialmanagement**
Arnolds, H./Heege, F./Tussing, W., Materialwirtschaft und Einkauf, 5. Aufl. Wiesbaden 1986
Berg, C. C., Materialwirtschaft, Stuttgart/New York 1979
Grochla, E., Grundlagen der Materialwirtschaft, 3. Aufl. Wiesbaden 1990
Kompenhans, K., Industrielle Einkaufsorganisation, Stuttgart usw. 1977

Zu 4: **Finanzmanagement**
Blohm, H./Lüder, K., Investition, 6. Aufl. München 1988
Perridon, L./Steiner, M., Finanzwirtschaft der Unternehmung, 5. Aufl. München 1988
Schneider, D., Investition und Finanzierung, 6. Aufl. Wiesbaden 1990
Süchting, J., Finanzmanagement – Theorie und Politik der Unternehmensfinanzierung, 5. Aufl. Wiesbaden 1989
Witte, E./Klein, H., Finanzplanung der Unternehmung, Prognose und Disposition, 2. Aufl. Opladen 1981

Zu 5: **Personalmanagment**
Berthel, J., Personal-Management, 2. Aufl. Stuttgart 1989
Eckardstein, D. v./Schnellinger, F., Betriebliche Personalpolitik, 3. Aufl. München 1978
Marr, R./Stitzel, M., Personalwirtschaft, München 1979
Remer, A., Personalmanagement, Berlin/New York 1978
Türk, K., Personalführung und soziale Kontrolle, Stuttgart 1981

Zu 6: **Produktionsmanagement**
Adam, D., Produktionspolitik, 5. Aufl. Wiesbaden 1988
Kern, W., Industrielle Produktionswirtschaft, 4. Aufl. Stuttgart 1990
Hoitsch, H.-J., Produktionswirtschaft, München 1985
Stoll, E., Industrielle Arbeitslehre, Bd. I: Kapital- und arbeitsorientierte Zielkonzeptionen bei der Gestaltung industr. Arbeitsbedingungen, Köln 1979

Zu 7: **Informationsmanagement**
Coenenberg, A. G., Jahresabschluss und Jahresabschlussanalyse. 11. Aufl. München 1990
Horváth, P., Controlling, 3. Aufl. München 1990
Meffert, H., Marktforschung, Wiesbaden 1986
Scheer, A.-W., Wirtschaftsinformatik, 2. Aufl. Berlin etc. 1988
Schweitzer, M./Küpper, H. U./Hettich, G., Systeme der Kostenrechnung, 4. Aufl. München 1985
Staehle, W. H., Kennzahlen und Kennzahlensysteme als Mittel der Organisation und Führung von Unternehmen, Wiesbaden 1969

Literaturverzeichnis

Adam, D., Produktionspolitik, 5. Aufl. Wiesbaden 1988

Altmann, N./Bechtle, G., Betriebliche Herrschaftsstruktur und industrielle Gesellschaft, München 1971

Ansoff, H. I., Strategic Management, London 1979

Arnolds, H./Heege, F./Tussing, W., Materialwirtschaft und Einkauf, 5. Aufl. Wiesbaden 1986

Baethge, M., Ausbildung und Herrschaft: Unternehmerinteressen in der Bildungspolitik, 6. Aufl. Frankfurt/M. 1976

Bea, F. X./Dichtl, E./Schweitzer, M. (Hrsg.), Allgemeine Betriebswirtschaftslehre, Bd. 1: Grundfragen, 4. Aufl. Stuttgart/New York 1988

Bennis, W. G./Nanus, B., Leaders: The Strategies for Taking Charge, New York etc. 1985; deutsch:
Führungskräfte, Frankfurt/M/New York 1987

Berg, C. C., Materialwirtschaft, Stuttgart/New York 1979

Berger, P. L./Luckmann, Th., Die gesellschaftliche Konstruktion der Wirklichkeit – Eine Theorie der Wissenssoziologie, 7. Aufl., Frankfurt/M. 1990

Berle, A. A./Means, G. C., The Modern Corporation and Private Property, 1. Auflage 1932, 2. Aufl. New York 1968

Berthel, J., Personal-Management, Stuttgart 1979, 2. Auflage 1989

Beyer, H. T., Die Lehre der Unternehmensführung, Berlin 1970

Bleicher, K./Meyer, E., Führung in der Unternehmung: Formen und Modelle, Reinbek bei Hamburg 1976

Blohm, H./Lüder, K., Investition, 6. Aufl. München 1988

Bosetzky, H./Heinrich, P., Mensch und Organisation, 4. Aufl. Köln etc. 1989

Bowles, S./Gintis, H., Pädagogik und Widersprüche der Ökonomie – Das Beispiel USA, Frankfurt/M. 1976

Braverman, H., Die Arbeit im modernen Produktionsprozess, Frankfurt/New York 1977, 2. Aufl. 1985

Burnham, J., The Managerial Revolution, New York 1941; deutsch:
Das Regime der Manager, Stuttgart 1949

Burns, J. M., Leadership, New York 1978

Cassier, S. C., Wer bestimmt die Geschäftspolitik der Grossunternehmen? – Das Verhältnis zwischen Kapitaleigentum und Entscheidungsmacht, Frankfurt/M. 1962

Chandler, A. D., The Visible Hand – The Managerial Revolution in American Business, Cambridge, Mass./London 1977

Chmielewicz, K., Arbeitnehmerinteressen und Kapitalismuskritik in der Betriebswirtschaftslehre, Reinbek bei Hamburg 1975

Coenenberg, A. G., Jahresabschluss und Jahresabschlussanalyse, 11. Aufl. München 1990

Deters, J., Mensch und Betriebswirtschaftslehre, Stuttgart 1990

Dunlop, J. T., Industrial Relations Systems, New York 1958

Eckardstein, D. v./Schnellinger, F., Betriebliche Personalpolitik, 3. Aufl. München 1978

Eberwein, W./Tholen, J., Managermentalität, Frankfurt/M 1990
Eder, K., Die Entstehung staatlich organisierter Gesellschaften, Frankfurt/M. 1980
Edwards, R., Herrschaft im modernen Produktionsprozess, Frankfurt/New York 1981
Endruweit, G./Gaugler, E./Staehle, W. H./Wilpert, B. (Hrsg.), Handbuch der Arbeitsbeziehungen, Berlin/New York 1985
England, G. W., The Manager and his Values, Cambridge, Mass. 1975
Fayol, H., Administration industrielle et générale, Paris 1916
Fischer-Winkelmann, W. F./Rock, R. (Hrsg.) Markt und Konsument, Zur Kritik der Markt- und Marketingtheorie, 2 Bde, München 1975
Frese, F., Grundlagen der Organisation, 5. Aufl. Wiesbaden 1990
Gabele, E., Die Einführung von Geschäftsbereichsorganisationen, Tübingen 1981
Gälweiler, A., Strategische Unternehmensführung, Frankfurt/New York 1987
Gebert, D., Organisation und Umwelt, Stuttgart usw. 1978
Grabatin, G., Effizienz von Organisationen, Berlin/New York 1981
Grochla, E., Grundlagen der Materialwirtschaft, 3. Aufl. Wiesbaden 1990
Gutenberg, E., Grundlagen der Betriebswirtschaftslehre, Bd. I: Die Produktion, 1. Aufl. 1951, 24. Aufl. Berlin etc. 1983
Gutenberg, E., Unternehmensführung: Organisation und Entscheidungen, Wiesbaden 1962
Habermas, J., Legitimationsprobleme im Spätkapitalismus, Frankfurt/M. 1973
Haug, V., Direktion zwischen Sachzwang und Demokratie, Berlin 1979
Hauschildt, J., Entscheidungsziele, Tübingen 1977
Heinen, E. (Hrsg.), Industriebetriebslehre – Entscheidungen im Industriebetrieb, 8. Aufl. Wiesbaden 1985
Hellriegel, D./Slocum, J. W., Management, 5. Aufl. Reading, Mass. 1989
Herkommer, S./Bierbaum, H., Industriesoziologie, Stuttgart 1979
Hill, W./Fehlbaum, R./Ulrich, P., Organisationslehre, 2 Bde., 3. Aufl. Bern/Stuttgart 1981
Hinterhuber, H. H., Strategische Unternehmensführung, 4. Aufl. Berlin/New York 1989
Hoitsch, H.-J., Produktionswirtschaft, München 1985
Horváth, P., Controlling, 3. Aufl. München 1990
Jaeggi, U., Kapital und Arbeit in der Bundesrepublik; Elemente einer gesamtgesellschaftlichen Analyse, Frankfurt/M., 17. Aufl. 1979
Keller, B., Einführung in die Arbeitspolitik, München/Wien 1991
Kern, H./Schumann, M., Das Ende der Arbeitsteilung? 4. Aufl. München 1990
Kern, W., Industrielle Produktionswirtschaft, 4. Aufl. Stuttgart 1990
Kieser, A./Kubicek, H., Organisation, 2. Aufl. Berlin/New York 1983
Kompenhans, K., Industrielle Einkaufsorganisation, Stuttgart usw. 1977

Koontz, H./O'Donnell, C./Weihrich, H., Management, 8. Aufl. New York etc. 1984
Kosiol, E., Organisation der Unternehmung, 2. Aufl. Wiesbaden 1976
Kotler, Ph., Marketing-Management, 4. Aufl. Stuttgart 1990
Kreikebaum, H., Strategische Unternehmensplanung, 3. Aufl. Stuttgart etc. 1989
Kroeber-Riel, W., Konsumentenverhalten, 4. Aufl. München 1990
Lawrence, P. R./Lorsch, J. W., Organization and Environment, Homewood, Ill. 1969
Leipold, H., Wirtschafts- und Gesellschaftssysteme im Vergleich, 3. Aufl. Stuttgart 1981
Littek, W., Industriearbeit und Gesellschaftsstruktur, 2. Aufl. Frankfurt/M. 1975
Luhmann, N., Funktionen und Folgen formaler Organisation, Berlin 1964
Luhmann, N., Zweckbegriff und Systemrationalität, Tübingen 1968
March, J. G./Simon, H. A., Organizations, New York etc. 1958; deutsch: Organisation und Individuum, Wiesbaden 1976
Marr, R./Stitzel, M., Personalwirtschaft, München 1979
Marx, K., Das Kapital, Bd. 3, MEW 25, Berlin (Ost) 1964
Maslow, A. H., Motivation und Personality, New York usw. 1954
Mayntz, R. (Hrsg.), Bürokratische Organisation, Köln/Berlin 1968
Meffert, H., Marketing – Einführung in die Absatzpolitik, 7. Aufl. Wiesbaden 1986
Meffert, H., Marktforschung, Wiesbaden 1986
Mintzberg, H., The Nature of Managerial Work, New York etc. 1973
Mintzberg, H., The Structuring of Organizations, Englewood Cliffs, N. J. 1979
Mitzberg, H., Power in and around Organizations, Englewood Cliffs, N. J. 1983
Müller-Armack, A., Wirtschaftsordnung und Wirtschaftspolitik, Bern/Stuttgart 1966
Müller-Jentsch, W., Soziologie industrieller Beziehungen, Frankfurt/New York 1986
Neuberger, O., Führen und geführt werden, 3. Aufl.. Stuttgart 1990
Nieschlag, R./Dichtl, E./Hörschgen, G., Marketing, 15. Aufl. Berlin 1988
Ortmann, G., Unternehmungsziele als Ideologie, Köln 1976
Parson, T., Structure and Process in Modern Societies, New York 1960
Perridon, L./Steiner, M., Finanzwirtschaft der Unternehmung, 5. Aufl. München 1988
Pfeffer, J./Salancik, G. R., The External Control of Organizations, New York 1978
Pinchot, G., Intrapreneuring, New York 1985; deutsch: Intrapreneuring, Wiesbaden 1988
Presthus, R., The Organizational Society, New York 1962; deutsch: Individuum und Organisation: Typologie der Anpassung, Frankfurt/M. 1966

Pross, H./Boetticher, K. W., Manager des Kapitalismus – Untersuchung über leitende Angestellte in Grossunternehmen, Frankfurt/M. 1971
Rathenau, W., Vom Aktienwesen – eine geschäftliche Betrachtung, Berlin 1918
Remer, A., Personalmanagement: Mitarbeiterorientierte Organisation und Führung von Unternehmungen, Berlin/New York 1978
Rosenstiel, L. v., Die motivationalen Grundlagen des Verhaltens in Organisationen. Leistung und Zufriedenheit, Berlin 1975
Schauenberg, B. (Hrsg.), Wirtschaftsethik, Schnittstellen von Ökonomie und Wissenschaftstheorie, Wiesbaden 1991
Scheer, A.-W., Wirtschaftsinformatik, 2. Aufl. Berlin etc. 1988
Schneider, D., Investition und Finanzierung, 6. Aufl. Wiesbaden 1990
Schumpeter, J. A., Theorie der wirtschaftlichen Entwicklung, Berlin 1911
Schumpeter. J. A., Kapitalismus, Sozialismus, Demokratie, 2. Aufl., Berlin 1950
Schweitzer, M./Küpper, H. U./Hettich, G., Systeme der Kostenrechnung, 4. Aufl. München 1985
Simon, H. A., Entscheidungsverhalten in Organisationen, Landsberg a. Lech 1981
Staehle, W. H., Kennzahlen und Kennzahlensysteme als Mittel der Organisation und Führung von Unternehmen, Wiesbaden 1969
Staehle, W. H., Management, 6. Aufl. München 1991
Staehle, W. H./Stoll, E., Betriebswirtschaftslehre und ökonomische Krise, Wiesbaden 1984
Steinmann, H., Das Grossunternehmen im Interessenkonflikt, Stuttgart 1969
Steinmann, H./Löhr, A. (Hrsg.), Unternehmensethik, 2. Aufl., Stuttgart 1991
Steinmann, H./Schreyögg, G., Management, Wiesbaden 1990
Stoll, E., Industrielle Arbeitslehre, Bd. I: Kapital- und arbeitsorientierte Zielkonzeptionen bei der Gestaltung industr. Arbeitsbedingungen, Köln 1979
Süchting, J., Finanzmanagement – Theorie und Politik der Unternehmensfinanzierung, 5. Aufl. Wiesbaden 1989
Taylor, F. W., The Priciples of Scientific Management, New York 1911; deutsch: Die Grundsätze der wissenschaftlichen Betriebsführung, Berlin/München 1917
Thompson, J. D., Organization in Action, New York etc. 1967
Tuchtfeldt, E. (Hrsg.), Soziale Marktwirtschaft im Wandel, Bern/Stuttgart 1973
Türk, K., Personalführung und soziale Kontrolle, Stuttgart 1981
Ulrich, H., Die Unternehmung als produktives soziales System, 2. Aufl., Bern/Stuttgart 1970
Ulrich, P., Die Grossunternehmung als quasi-öffentliche Institution, Stuttgart 1977
Ulrich, P., Transformation der ökonomischen Vernunft, Bern etc. 1986

Veblen, Th., Absentee Ownership and Business Enterprise in Recent Times, London 1924

Weber, M., Wirtschaft und Gesellschaft, 5. Aufl., Tübingen 1972

Whyte, W. F., The Organization Man, New York 1956

Wild, J., Grundlagen der Unternehmungsplanung, 4. Aufl. Opladen 1982

Williamson, O. E., The Economic Institutions of Capitalism: Firms, Markets, Relational Contracting, New York 1985

Witte, E./Klein, H., Finanzplanung der Unternehmung, Prognose und Disposition, 2. Aufl. Opladen 1981

Wunderer, R. (Hrsg.), Betriebswirtschaftslehre als Management- und Führungslehre, 2. Aufl. Stuttgart 1988

Wunderer R./Grunwald, W., Führungslehre, 2 Bde. Berlin/New York 1980

Zaleznik, A., The Managerial Mystique, New York 1989; deutsch: Führen ist besser als managen, Freiburg 1990

Stichwortverzeichnis

Aus dem Programm der «Uni-Taschenbücher» (UTB)

Edwin Rühli
Unternehmungsführung und Unternehmungspolitik 1
Grundlegung – Die Leitungsorganisation,
UTB 260
2. Auflage, 300 Seiten, 51 grafische Darstellungen, kartoniert DM 26.80
ISBN 3-258-03428-1

Edwin Rühli
Unternehmungsführung und Unternehmungspolitik 2
Die Willensbildung im Führungsprozess,
UTB 645
2. Auflage, 288 Seiten, 49 Abbildungen und Darstellungen, kartoniert DM 26.80
ISBN 3-258-03938-0

Edwin Rühli
Unternehmungsführung und Unternehmungspolitik 3
in Vorbereitung

Aus dem Programm der «Uni-Taschenbücher» (UTB)

Peter Ulrich / Edgar Fluri

Management

Eine konzentrierte Einführung
UTB 375
6., ergänzte und neubearbeitete Auflage,
etwa 283 Seiten, 47 Abbildungen,
kartoniert etwa DM 24.80
ISBN 3-258-04370-1

Was will dieser Text?
- Konzept und Funktionen des allgemeinen Managements vermitteln,
- auf einem zeitgemässen Leitbild der Unternehmung aufbauen,
- in einen situativen Denkstil einüben, der situationsgerechtes anstelle von dogmatischem Denken verlangt.

Wie ist er didaktisch gestaltet?
- auf das Wesentliche konzentriert,
- in überblickbare Arbeitseinheiten aufgeteilt,
- mit beantworteten Kontrollfragen versehen.

Für wen ist er geeignet?
- Einführungskurse an Hochschulen,
- Höhere Wirtschafts-Fachschulen,
- Kaderkurse,
- Selbststudium.

Aus dem Programm der «Uni-Taschenbücher» (UTB)

Wilhelm Hill / Ignaz Rieser

Marketing-Management

UTB Grosse Reihe
XVII + 567 Seiten, 218 Abbildungen,
gebunden Fr. 45.–/DM 54.–
ISBN 3-258-04144-X

Marketing heisst absatzorientierte Unternehmungsführung, die alle Aktivitäten der Unternehmung systematisch und dabei wirksamer und effizienter als die Konkurrenz an den Bedürfnissen der Abnehmer ausrichtet, um dadurch die Erreichung der Unternehmungsziele zu gewährleisten.

Zur konkreten Wahrnehmung dieser Aufgabe wird in diesem Buch ein modernes Marketing-Management-Konzept entwickelt und gezeigt, wie dieses sinnvoll eingesetzt und gehandhabt werden kann.

Der Text ist klar strukturiert und verständlich formuliert. Die wichtigsten Inhalte werden jeweils durch praktische Beispiele illustriert. Das Buch eignet sich somit ebenso zum Selbststudium wie als Basistext in der Ausbildung.